検証　米秘密指定報告書「ケーススタディ沖縄返還」

The Reversion of Okinawa: A Case Study in Interagency Coordination

検証 米秘密指定報告書「ケーススタディ 沖縄返還」

西山太吉 監修
土江真樹子 訳
高嶺朝一 協力

岩波書店

この書を、故吉野文六氏に捧げる。

はじめに——沖縄問題の本質解明のために

西山太吉

「まさにゲームそのものだった」

沖縄返還交渉に携わったリチャード・フィンの率直な回想である。

この交渉は、日米の間で繰り広げられた激しいゲームだったのだ。では、ゲームはどのようにして始まったのか。

沖縄返還以来すでに四六年が経過した現在、あえて本書（原題“The Reversion of Okinawa: A Case Study in Interagency Coordination”. Peter W. Colm, Rosemary Hayes, Joseph A. Yager, July 1972）を世に問うたのは、沖縄返還交渉が終結しようとしていた頃（一九七一年）から、米国政府内部で、早くもこの交渉を回顧し、検証しようとする動きがあったことを日本社会に紹介したかったからである。

日本側にしてみれば、国内の「非核三原則」に対応して、沖縄からの〝核抜き〟こそが最優先の目標であった。これに対し米側が目指したのは、第一に在日米軍基地の最大限の自由使用であり、第二がその米軍基地の所要経費のこれまた最大限の日本側への転嫁であった。核の撤去に関してけ、有事の際の緊急持ち込みさえ認められれば、撤去そのものにさしたる異論はなかったのである。

米側は、この核の方針については最後まで表に出さず、もっぱら基地の全面的な自由使用のみを強硬に主張し続けた。そして、この自由使用の目的がほぼ達成されるめどがついた頃を見計らって、ようやく核撤去を「有事持ち込み」付きで応諾したのだ。結局、米側のゲームの理論は功を奏し、第一に目指したもの、第二に目指したもの共に、実現に向けての大きな突破口が作られることになった。日本側は、沖縄の潜在主権を顕在化したが、米側はその代償として、沖縄をはじめとした日本全土の米軍基地を、米国防総省(ペンタゴン)の世界戦略下に、自由自在に機能する軍事拠点へと転化することに成功した。当初、日本側は、基地の自由使用には決して乗り気ではなかったのだ。

沖縄返還について、当時の佐藤内閣は〝核抜き本土並み〟であるとしきりに強調した。しかしこれは、国内向けの〝謳い文句〟にすぎず、実相は〝有事核付きの沖縄並み〟返還と呼ばれるべきものだったのである。

その後の法整備(日米ガイドラインの見直し、周辺事態法など)によって、米軍の自由使用は完全無欠なものとなる。かつて米軍は、沖縄をベトナム侵攻の本拠地としたが、そうした仕組みは返還以降もあまり変わっていない。米軍は、沖縄を兵站補給基地として、アフガン、ついでイラクへ侵攻した。ここで注目すべきは、基地の自由使用による米軍の一連の軍事行動が、国際社会に占める日本の国の「かたち」にも次第に影響を及ぼしていったということだ。

イラク戦争に対し、ドイツ、フランスはともに参戦を拒否した。しかし日本は、米側のたっての要請に引きずられてイラク戦争に加わった。陸上自衛隊に限らず、航空自衛隊も参入し、米軍の作戦に積極的に協力した。これには名古屋高裁で違憲判決が出されている。戦後、米国は、イラク侵攻の大義名分なるものが虚偽であったことを自ら認めた。英国は、特別委員会を設けて、参戦の責任を徹底的に追及した。

日本はどうだったか。公表された報告書はわずか一、二ページの〝断片〟としかいえないものだった。結局、米軍は「イスラム国」という世界動乱の因子まで産み落とした上で、イラクから撤退した。このあと米国は、国際的主導権の再構築を目指して、東アジアへと方向転換する。日米軍事共同体（横田、座間）形成のテンポは早まり、やがて憲法解釈の変更を強行して、対米集団的自衛権の採用がスタートするに至る。まさしく、沖縄返還がもたらした在日米軍の変質の公認は、こうした歴史の進行を強力に促進する起点となったのではないか。

この観点から、沖縄返還はあらためて検証されねばならない。しかし、検証のための日本側資料は皆無に等しい。資料がなかったというのではなく、ほとんどが廃棄されて、なくなってしまったのである。この廃棄に、日本の司法は法的根拠を与えてしまった（沖縄密約開示請求訴訟高裁、最高裁判決）。東京地裁は、すべての沖縄密約を公式に認定したが、それは、ほとんど開示された米側資料に基づくものであった。民主党政権時に沖縄密約も含めた「密約調査委員会」なるものが設置されたが、柏木―ジューリック合意など密約の根幹はすべて除外され、わずか二つの調査項目（核密約・米軍用地復元補償）も「密約なし」の結論となった。その根拠も幼稚極まりないもので、交渉当事者たちはおそらくほくそ笑んでいたに違いない。

この結論に対し、政府は〝ノーコメント〟、世論もほとんど反応を示さなかった。本土の沖縄問題への関心が依然低いのは、まず知識の欠如がある。残念ながら我々がいま頼りにできるのは米側資料だけなのである。「ケーススタディ」は、膨大な沖縄返還全秘密文書の大前提となるべきものである。

沖縄返還交渉のゲームに勝った側はその後どうなったのか。その勝利のシグナルが辺野古新基地建設との見方もある。一方負けた側は、その後どのように現在に至っているのか。これが沖縄問題の本質である。そして「ケーススタディ」は、この本質の解明にとって不可欠の序章となるはずである。

目　次

米秘密指定報告書

「ケーススタディ沖縄返還」

要約

当初、沖縄と周辺諸島の米国統治は、敗戦国日本の占領のささいな付属物であった。一九五一年に講和条約が署名されるまで、米国は沖縄を主要な戦略前哨基地とは捉えていなかった。講和条約の下で、日本は「残存主権」だけを得て、米国は事実上、琉球を無期限に支配する権利を獲得した。その二年後の一九五三年、米国は日本に続く琉球列島の北部を返還したが、「極東に脅威と緊張状態が存在する限り」沖縄を含む残りの地域を支配し続ける、と宣言したのだった。

米国の琉球統治に対し、一九六〇年までは日本政府や沖縄の住民は強い反発をすることはなかった。その頃においてさえ、近い将来、沖縄を日本に返還するかどうかという視点から問題が考えられることはなく、どの程度の自治権を琉球政府に与えるのか、地元住民の生活水準向上のために米国はどれだけの金額をつぎ込むのか、といったことが問題視されていた。そんな中で最も論議となったのは、沖縄に日本との関係をどこまで許すのかという点であった。

一九六一年、ホワイトハウスのスタッフ、カール・ケイセンが主導する省庁間の対策委員会（Task Force）が、琉球における上記の問題などを調査し、地元の自治権の拡大、米国の支出の増額、そして日本の経済支援の増加を提案した。ケネディ大統領はこれらの提案を承認したが、ポール・W・キャラウェイ高等弁務官が、日本が沖縄における米国の地位を転覆させる怖れがあると不安を抱いたことから、最後の経済支援の増加に関する実行が二年延期された。

米国がさまざまな改善方法を実施したにもかかわらず、日本と沖縄双方の琉球の現状に対する不満は高まっていた。一九六五年半ばには、日米関係への深刻なダメージを懸念するエドウィン・O・ライシャワー大使が、沖縄における米国の統治は時間の問題である、とディーン・ラスク国務長官に文書を送った。ライシャワーは、日本の統治下で沖縄の米軍基地を有効に運用することができるか、という根本的な問題の検証をはじめとする、米国にとって今後必要不可欠となる条件を検討するよう要請したのだった。

ライシャワーの提案は、日米関係を多方面から研究するため、一九六六年一月に国務省と国防総省合同のワーキンググループを立ち上げるきっかけとなった。二カ月後、このワーキンググループは新たに組織された極東担当省庁間地域グループ(FE-IRG)へと引き継がれた。短期の国務省と国防総省のワーキンググループ、極東担当省庁間地域グループの双方において、国務省と国防総省の間で沖縄政策の手詰まり感が急速に大きくなっていた。

省庁間対立の危機が迫ったが、表面化することはなかった。一九六六年六月には、沖縄の世論や日本政府の琉球政策、さらに沖縄住民や日本人の強い願望を満足させる施策を調査するために新たな琉球ワーキンググループを設立したことが、極東担当省庁間地域グループに報告された。より基本的で議論を起こしやすい政策問題への取り組みは先送りされた。

琉球ワーキンググループが作成し、極東担当省庁間地域グループが異論なく承認した文書をもとに、一九六五年九月、上級省庁間グループ（SIG）は政策問題を検討することになった。上級省庁間グループは、米国統治や米軍基地の作戦に不可欠な機能を低下させずに、琉球の自治権の拡大と琉球問題における日本の関与を増加させるという、この文書の提案を承認した。

上級省庁間グループは、駐日大使と高等弁務官に以下のことを要請した。（1）これらの提案を実行するための共同計画を極東担当省庁間地域グループに提出すること。（2）復帰運動やその沈静化の方法を省庁間地域グループに半年毎に共同で報告すること。

上級省庁間グループは、琉球ワーキンググループに対しても、結果的に琉球を日本に返還することを含む、今後の基地のあり方に関するさらなる研究を、一九六六年一二月までに実施するよう指示した。このトップシークレットの研究が、公式に米国を返還へと向かわせることになった。

一九六七年七月、日本政府は初めて公に米国政府に対し、琉球と小笠原諸島の将来に関する協議開催を求めた。この要請と、九月の三木武夫外務大臣訪米および一一月の佐藤栄作総理の訪米が迫ったことで、返還問題は重要な局面を迎えた。大掛かりな省庁間の協議が行われた後、米国政府は琉球の返還に原則的に同意はするが、一九六八年の米国の選挙終了まで、返還の時期と状況に関する決定はできないと述べた。その一方で返還の方法を準備し、沖縄が日本の状況に順応できるよう手助けするために高等弁務官による諮問委員会を設立した（小笠原諸島の返還に関する交渉開始については、米国は即座に了解した）。一九六八年、返還問題は一時停止させられたが、その舞台裏では返還の時期の合意をめぐって米国のキーパーソンの間で協議が重ねられていた。

ニクソンが政権に就いた一九六九年一月、沖縄の問題は政権の優先事項であった。四月三〇日、国家安全保障会議が日米関係に関する省庁間の文書(国家安全保障研究メモランダム第5号、NSSM-5)を承認した。そして五月二八日、大統領は一九六九年の琉球の返還合意、そして一九七二年の事実上の沖縄の施政権返還を視野に入れた日本側との早期交渉への準備を指示した。その交渉は、韓国、台湾、そしてベトナムを視野に入れた米軍基地の最大限の自由使用を模索するものであった。沖縄返還後に核兵器を貯蔵するかどうかという繊細な問題は、後の大統領判断に委ねられた。

六月半ば、差し迫った交渉に向けた調整のために三つの省庁間ワーキンググループが立ち上げられた。国務省の日本部長リチャード・B・フィンは、一一月の佐藤総理のワシントン訪問の際の最後に予定される、返還の決定を発表する共同声明の草案作成グループの議長であった。共同声明(一九六九年一一月二一日の佐藤―ニクソン声明)は、沖縄の米軍基地のいかなる使用も保障するという点で日米が合意したことを一般的な言い回しで表現していた。

返還に関する経済・財政問題グループの議長には、国務次官補代理・東アジア担当のロバート・W・バーネットが任命された。このグループが合意したガイドラインによると、米国は返還に際して日本に譲渡される沖縄の米資産の正当な返済を受けるべきであり、国際収支の損失(特に沖縄で流通している円とドルの通貨交換から)はあってはならない。日本に引き継ぐ沖縄の地域の防衛義務に関する問題のグループの議長には、国防次官補代理・国際安全保障問題担当のデニス・J・ドゥーリンが任命された。このグループもまた、日本本土での適用と同様に、日本が防空と沖縄の安全保障の責任を引き継ぐよう一連のガイドラインを準備した。

日本政府との交渉には三つの局面があった。六月と九月に予定されている、返還の原則に広く関わる愛知揆一外務大臣とウィリアム・P・ロジャーズ国務長官による閣僚レベルの協議、そして九月の福田赳夫大蔵大臣とデヴィッド・M・ケネディ財務長官の間の財政的側面である。これらの交渉のためにリチャード・スナイダーが特別補佐官として大使館に派遣され、七月末に東京で詳細な交渉が始まった。米国が沖縄の基地に核兵器を貯蔵する可能性という、後に大統領に判断が任されたものを除いて、スナイダーはすべての重要な分野の交渉を合意に導いた。返還に関わる財政、経済面の原則に関しては、財務省官僚のアンソニー・J・ジューリックが別個に交渉を行い、日本側が米国から沖縄を「買う」という印象を持たれないよう、共同声明には財政、経済面の内容は含めなかった。

佐藤総理は一一月後半にワシントンDCを訪れ、一一月二一日には、一九七二年に沖縄を日本の施政権下に返還する合意に達した、とする共同声明を発表した。共同声明では、日本本土の在日米軍基地と同様に、沖縄の米軍基地に日米安保条約と関連する合意が適用されると記された。

さらに大統領は核兵器に関して、いわゆる日本の政策と「一致」した返還を行うと共同声明の中で述べ、佐藤総理も同様に、返還は極東の安全保障を損なうものではないと語った。そして佐藤総理は初めて公の場で、日本の安全保障自体にとって韓国の安全保障は「不可欠」なものであり、台湾も「また最も重要な要素」であるとはっきりと語ったのである。[1] 日本政府は日本の防衛努力の一端として沖縄の防衛の責任を負うことに同意したのである。

思い返せば、沖縄の問題に対する省庁間の取り扱いで最も注目に値するのは、国務省と国防総省間の酷い論争を回避したことである。一九六〇年代初期、沖縄の問題に精通した者はほとんどおらず、国務省と国防総省間の意見の不一致が、後に返還の時期や条件をめぐってすさまじい省庁間の論争を巻き起こすことになるとは予測もしなかった。その論争は、一九六五年から六六年にかけて、琉球の現状に対して日本人と琉球の住民の間に不満が増していることに対処するよう駐日大使が強く要求し、一方では二代にわたる高等弁務官が、沖縄における米軍の戦略的規模の縮少に強い反発を示したことにより引き起こされたものであった。さいわいにも懸念された二度目の沖縄をめぐる戦いは起こらなかった。一連の調査と小競り合いの後、両者は共同で問題に対処することを検討したのだった。

一時は予想外の出来事が起こったが、事態の変化によって、すばらしい結果へと至ったことを、簡単には説明できない。偶然性や予期しない重要人物同士の結びつきが有効に作用した。他にも適用できるような一般的な事柄(もしくは「教訓」)など、さまざまな要素もあった。沖縄の問題の過程から一般論を語ることはできない。ここに、担当者が他の省庁間調整問題に直面した時に、使用可能な仮説・理論として提示しておく。[2]

1. 外交政策問題の決定過程においては、外国の政府と米国政府内の両面の交渉に強い戦略的コンセプトを持つ人物が政策決定過程を主導するのが理想的である。

2. 米国の競合する目標の中から、関係する基本的な要素を優先して、可能な限り迅速に省庁間の合意に到達するべきである。省庁間の取り決め合意は、基本的に有効とされる事実と、それに競合する米国の諸目的の優先順位を見極め、速やかに達成するべきである。根本的な政策的問題の解決に向けて、意思決定過程の初期においては、少なくとも消極的合意もまた模索されるべきである。

3. 適切な順序で問題を取り上げることは重要である。早過ぎる時期に問題に取り組むことは不必要な問題を引き起こし、進展を妨げることになる。時には問題の再構築や他の問題へシフトすることで袋小路に入るのを避けることができる。議論を巻き起こす問題を上層部に決定を委ねることで、他の問題が解決する道が開ける。

4. 公的な調整機構は通常、困難な政策決定を行うことはできないが、偏狭さをやわらげ、後々の政策決定の過程で引き起こされる悲惨な対立リスクを減らし、中間レベルの役人たちに情報を提供し、スタッフの仕事を正しい問題に集中させ、決定に向かう行動を監視することができる。

5. 省庁間の文書に記されている「選択肢」アプローチは、「合意された提案」以上に現実的であり、実用的である。選択肢に焦点をあてることで、行き届いた詳細な問題分析が可能になり、「最低のレベル」(lowest common denominator)での合意を避けることができる。

沖縄の問題の歴史は、国務省の役割というものを語ることでもある。国務省は国防総省との交渉において非常に有利な点があり、それは一般論に反して、国務省のリーダーシップが省庁間協議において効果があったということを示している。

1. プレスクラブで共同声明が発表される前日に、米国との合意を得た佐藤は強い口調でそれらの内容を繰り返した。

2. 第4章はこれらといくつかの他の仮説を詳細にわたって取り扱い、国務省がどのような対処をしたかを沖縄問題の歴史の文脈から解説することに費やしている。

序

この文書は国務省が依頼した省庁間における一連の政策決定に関する研究の一部である。

これは、日本の施政権下に沖縄を返還するまでのワシントンと現場の省庁間の調整過程を詳述するものであり、政府による政策決定をより普遍化するための取り組みや、今後の省庁間で起こりうる問題の調整過程についても分析する。沖縄返還に関する日米の交渉そのものに関して研究するものではなく、アメリカ政府の行政機関の内部における機能に注目した。

最初の三章は、返還を決定するに至った歴史的記録を扱う。第1章は一九四五年の米国の占領から始まる沖縄の諸問題の派生について簡単にまとめた。第2章はジョンソン政権最後の二年間における省庁間の政策協議とその研究を検証する。第3章は、いかにして一九六九年一一月二一日のニクソン―佐藤共同声明による沖縄返還の決定へと到達したかを説明する。第4章は沖縄の問題はいかなるものであったか、そしてその中から今後、省庁間で問題を取り扱う上で重要な課題は何かを問う。第1～3章は国務省と国防総省の既に解禁されている公文書を基にしたものである。省庁調整に関わった重要な参加者への聞き取りにより、事実に関するいくつかの疑問が解けた。この聞き取りは、第4章を書く上で最も役に立った。強調しておかなければならないのは、この章は推測に基づいており、きわめて主観的であることだ。この文書における返還交渉の過程に関する判断は、著者のものであることを述べておく。我々は、読者によっては歴史の記録から異なる教訓が描き出されるかもしれないということを認識している。

第1章

歴史的背景

解説

第1章は主に、岸(首相)―アイゼンハワー(大統領)に続く池田(首相)―ケネディ(大統領)の時期における沖縄問題の推移である。サンフランシスコ講和条約により、米国の施政権下に隔離されてしまった沖縄の統治は、軍政府、米国民政府そして高等弁務官へと移行していくが、その本質は、疑いもなく純粋に〝軍政〟であった。

一九四九年中華人民共和国が成立し、さらに一九五〇年代に入って、朝鮮、キューバ、ベルリン、そしてベトナム問題へと、まさに米ソ対立を軸として国際緊張は激化の一途をたどる。こうした背景の下、沖縄は米国にとって、最も重要な海外の戦略拠点となった。

かくして、沖縄では、いわゆる〝銃剣とブルドーザー〟により、民間の枢要な地点が続々と軍用地として接収されていき、それにともなって、沖縄住民の〝島ぐるみ〟の闘争も反戦―祖国復帰の性格を強めながら、しだいに高揚していった。

池田―ケネディの時代は、米国にとって、こうした沖縄住民の運動にどのように対処するか、それによって米軍の最重要な基地としての沖縄の機能をどのように維持していくかというのが、主要なテーマであった。

ケネディの基本方針は、国際緊張に対応して沖縄の軍事基地としての機能を十全に確保するため、米国の統治をあくまで堅持するものであった。この点で、日本への施政権返還などは、まったく想定外に置かれていた。一方でケネディは、沖縄の基地を維持していくには、沖縄住民の鬱積した不満を緩和する必要があると判断し、いわゆる住民の自治権を小きざみに実現していくとともに、米国からの対沖縄援助を強化し、あわせて、日本政府の援助の増加もしだいに認めていくという政策をとった。その最終的ともいえる方策がケイセン報告によって示され、琉球政府の主席についても、高等弁務官による任命は変えなかったが、琉球議会による主席の推薦制を採用することに踏み切った。

この間に、米側の対沖縄対処方針をめぐって、軍政的観点から自治権拡大に慎重な態度をとり、さらに日本からの援助増大についても、沖縄住民の祖国復帰運動を刺激しかねないとして、きわめて消極的であったキャラウェイ高等弁務官(陸軍中将)と、池田—ケネディ会談によってスタートを切ったとされた日米パートナーシップを定着させる観点から、沖縄の自治権拡大と、本土からの援助増大に積極的な意向を抱いたライシャワー駐日大使との間の〝不仲〟説が、しきりにうわさされるようになった。

そのライシャワー大使が日本において最も信頼し、親交を結んだ相手が、池田内閣の官房長官、ついで外務大臣となった大平正芳であった。私は、池田首相と一体となって内閣を指揮・監督した大平をマークするため、政治部入部以来、首相官邸(永田町記者クラブ)、そして外務省(霞クラブ)を四年の間担当したが、歴代内閣の中で、外務大臣と駐日米国大使がこれほど仲が良く、〝親友〟といってもよいほどの関係になった例を見たことがない。

岸首相が新日米安保条約成立(一九六〇年)時に、米艦船の日本への寄港に際し、いわゆる米政府のＮＣＮＤ政策（肯定も否定もしない）を認め、〝核の持ち込み〟（日本の陸上を含む）を事実上、容認したという密約について、大平にあらためて注意を喚起したのもライシャワーであった。その大平がライシャワーからの一連の説明の中で、最も気にしたのは、「米軍部は、遠い将来にわたって、在沖縄米軍基地の〝完全自由使用〟だけは絶対に堅持し、この点で譲歩することはあるまい」という、きわめて厳しい〝条件〟であった。

韓国との国交正常化交渉がヤマを越した一九六二年末、私が大平に沖縄問題への対応をただした際、彼は、まず「自由使用だからなあ」と苦しげに漏らしたことがあった。当時の池田内閣にとって、この点が最も引っかかるところであったのだ。池田内閣の最大の課題はアイク（アイゼンハワー米大統領）訪日まで中止させた、一九六〇年の安保闘争による国内の騒乱をいち早く解消し、国民の眼を国外から国内へと転換させ、社会の安定と成長をはかる土台を築くことであった。いわゆる〝内政外交一体論〟の視点から、そのための施策の目玉となったのが、所得倍増計画であったのだ。

こうした方針に立てば、沖縄施政権の返還問題はかなり遠のいていく。いうまでもなく、沖縄の米軍基地は、目と鼻の先の中国、そして朝鮮半島に対する戦略拠点である。しかし米国にしてみれば、それだけが沖縄基地の存在価値ではなかった。アジア・太平洋全域そして中東からインド洋にかけての広大な区域にわたって、いついかなる時にも柔軟かつ迅速に対応できる地理的条件を備えているという点で、沖縄の価値は、米軍の司令部にとって絶対かつ不動のものであった。

もしこの時に、沖縄が日本に返還されたとすれば、基地の事実上の「自由使用」の容認により、世界各地における米軍の戦争は即、日本の戦争へと否応なしに連結することになる。ましてや、日本にとってタブーとされていたベトナムに米軍が強引に軍事介入していくとなれば、日本国内は再び騒乱状態に陥りかねない。このような観点から、池田内閣の沖縄問題への対応は、結果的にきわめて慎重とならざるを得なかった。

かくして、四年三カ月にわたる池田内閣の時代、沖縄の施政権返還問題は、沖縄現地での祖国復帰への願望と運動がしだいに表面化していったにもかかわらず、具体化せずに終わった。しかし、沖縄の自治権の拡充とあわせて、日本政府の対沖縄援助の増大が加わることにより、沖縄住民の祖国復帰への願いに拍車がかかったことも事実である。後継の佐藤内閣は、こうした池田内閣の沖縄問題への低姿勢を逆手にとって、むしろ、それを格好の材料として、反転して沖縄返還をめざすことになる。

日本の高度経済成長が岸―池田―佐藤へとつながっていく中、佐藤首相は、内閣の至上目標をきわめて政略的で、後年に向けて多くの難題を残すであろう「沖縄返還」に集約した。そしてそれは、ベトナム戦争の渦中において、その戦争を全面的に支持するという対米誓約の下に実行された。日本政界でも屈指の反共的教条主義者として知られる佐藤首相にとって、同じ自民党の主流派であった池田派(宏池会)が懸念したような米軍基地の「自由使用」の問題、あるいはベトナム戦争との関連のごときは、ほとんど眼中になかったといえるだろう。

A．軍政組織

沖縄の統治は、第二次世界大戦中の一九四五年六月、米軍による占領から始まった。沖縄戦による大量破壊と荒廃の結果、占領期の権力者らは、今後の救済と安全保障が主要な問題となるだろうと考えた。なぜなら、米軍は日本本土攻撃のための戦略の足場として沖縄を使うことを考えており、軍事は最優先課題だったからである。

一九四五年九月に日本が無条件降伏を受け入れて以降、日本本土占領のために多大なる努力が費やされ、沖縄の占領はその陰に隠れてしまった。そしてその後の数年間、米国の政策には沖縄の占領期間に関する明確な方針はなかった。戦後の米国とソビエト連邦の関係悪化や中国本土における共産主義の勝利、その後の朝鮮戦争の勃発で、米政府は沖縄駐留の戦略上の重要性を明確に認識するに至ったのだった。そして米国が施政権をコントロールすることで、沖縄の米国統治を無期限に続けると考えるに至った。その後、米国は沖縄における米軍のプレゼンスを強固にし、一九六八年までに一〇億ドルの費用をつぎ込んで沖縄に一〇〇カ所以上の施設を建設していった。こうして沖縄は米軍の最も重要な基地となったのである。

一九四五年以前、琉球諸島は日本の一つの県であった。日本の降伏によって沖縄は東京に司令部を持つ連合国軍最高司令官、マッカーサー元帥の統治下に置かれた。その後、マッカーサーは沖縄の米軍政府に統治の権限を委任。マッカーサー元帥の命令によって、琉球諸島は一九四六年初期に日本から行政上切り離され、一九四六年七月には米陸軍が海軍から琉球諸島の軍政を引き継いだ。

一九四六年から一九五〇年の間、沖縄は米陸軍の統治下に置かれ、一九五〇年一〇月まで琉球軍の副司令官が沖縄の軍政府を統括した。一九五〇年、極東軍総司令官は軍政府の最高司令官となり、軍政府の任務は琉球列島米国民政府（USCAR）に委譲された。

それにともなって、極東軍総司令官は民政長官（governor）に、琉球軍（Ryukyu Command）の司令官は民政副長官となった。米国民政府の日常任務を担当する民政官（このポジションは一九六二年まで軍人が占めていた）もまた任命された。一九五七年六月には、アメリカ大統領の行政命令によって琉球諸島に高等弁務官制が設けられた。行政命令によると、高等弁務官は「国務長官との協議後に大統領の承認を得て、国防長官によって現役の米軍人の中から指名されるものとする」とされた。慣習的に高等弁務官は琉球諸島の陸軍総司令官が務めた。したがって、一九五七年の（大統領の）命令は、行政上のシステムの変更ではなく、琉球諸島における現行の統治の形式を整えただけのものだった。

法的には琉球諸島の統治権限は国防長官に委ねられていたが、国防長官は、琉球諸島における執行機関としての責任を陸軍に委任した。高等弁務官には、琉球列島米国民政府の司令官としての権限と、琉球諸島における太平洋軍司令部（ＣＩＮＣＰＡＣ）の代表という任務があった。琉球列島米国民政府は軍人と民間人によって構成され、独自の行政機関や治外法権を持つ裁判所もあり、当初は地元の琉球政府（ＧＲＩ）を細部にわたって管理した。琉球政府には立法、行政、司法機関があった。琉球諸島には事実上、米国（ＵＳＣＡＲ）と地元の住民（琉球政府）による二つの政府があった。

米高等弁務官はすべての分野において最高権力を持っていた。一九六七年一一月までに琉球諸島の最高裁に五人の裁判官を指名し、米国民政府（ＵＳＣＡＲ）の裁判所に琉球人から審議を移管し、判決を覆す権力も持っていた。さらに理由さえあれば法案を拒否することや、いかなる公務員であっても解雇することができ、法案成立後四五日以内であれば法案を無効にすることや、高等弁務官の権限において布告を宣告することもできた。

一九四五年、琉球諸島は管理を目的として、本島を一一、離島を五つという一六の軍政府の区域に分割された。暫定的な地方自治組織[1]は、四つの群島に置かれた。一九四五年九月には一一カ所で、市長と市会議員の選挙が実施された。一九四六年にはそれらの地域の「群島政府」は、戦前の市町村の自治体と置き換わり、当時の自治体の市長や議員たちが復帰した（一九四八年二月まで琉球諸島には選挙で選ばれた市長や議員たちが存在していた）。

一九四五年八月、軍政府の司令部は一五人の地域代表からなる、軍政府と住民たちとを結ぶ役割の沖縄諮詢会を設立し、中央琉球政府のような組織を設ける準備をしていた。一九四六年四月、沖縄諮詢会は一三の行政執行部、裁判組織、沖縄議会として知られる諮問機関を含む沖縄中央政府に組織変更された（その後同年一二月に沖縄民政府になった）。一九四五年一二月には軍政府によって指名された一三人の議員からなる暫定政府議会が、四つの群島に置かれた。沖縄民政府は一九五〇年九月に沖縄群島政府に代わった。その時に四つの群島政府で知事と議員の選挙が行われた。

地元沖縄の政党の要望により、軍政府は一九五一年四月に四つの群島政府を一つに集約して臨時中央政府を設立し、主席と副主席を任命した。

一九五二年二月一三日に出された米国民政府の第13号布令に従って、一九五二年四月に琉球政府が設立された。琉球政府は独立した住民の行政、立法、司法組織を備え、住民が選出した議員による立法院と「選挙はまだ保留」として米国が任命する主席で構成された。一九五二年三月、立法議員三二人を選出した。しかし、高等弁務官は、琉球政府の行動のすべてにおいて最高権限を持ち続けていたことを強調しておかなければならない。

主席、副主席が長となる行政部門は九つの部署から組織されていた。議会は三二人の立法院議員によって組織され、毎年二月に招集、五カ月間開かれた。司法部署は判事を置く裁判所、巡回裁判所、控訴裁判所によって組織された。それらの裁判所は、アメリカ人以外のすべての住民に対する裁判権を持っていた。六〇の自治体はそれぞれの行政機関を持ち、琉球政府の任務を補助した。

琉球政府の主席は高等弁務官が任命していたが、一九六五年以降は、議会によって選出されるようになった。さらに一九六八年のジョンソン大統領による大統領令により、主席は公選制となった。

1．沖縄の各地域は群島と呼ばれた。

B. 初期の返還感情

沖縄の本土復帰の動きは一九五〇年代の初期から芽生え始めた。実際、沖縄の本土復帰は、一九五一年のサンフランシスコ講和条約時に日本が解決を求めていた最大の課題であった。講和の結果、琉球の「唯一の施政権者」である米国の地位が認められた。講和条約第三条には次のように記されている。

日本国は、北緯二十九度以南の南西諸島(琉球諸島及び大東諸島を含む。)、孀婦岩の南の南方諸島(小笠原群島、西之島及び火山列島を含む。)並びに沖の鳥島及び南鳥島を合衆国を唯一の施政権者とする信託統治制度の下におくこととする国際連合に対する合衆国のいかなる提案にも同意する。このような提案が行われ且つ可決されるまで、合衆国は、領水を含むこれらの諸島の領域及び住民に対して、行政、立法及び司法上の権力の全部及び一部を行使する権利を有するものとする。

この条約によって、米国は琉球における事実上の主権を行使する権利を手に入れたが、講和条約の米国側交渉責任者であるジョン・フォスター・ダレスが説明したように、日本は琉球の「残存(潜在とも呼ばれる)主権」を保有しているため、米国は琉球諸島の主権を日本以外のどの国にも譲渡することはできないのである。サンフランシスコ平和条約の会議では、米国政府と連合国の間には異なる見解があり、同盟国が米国は琉球を永久に併合しようとしていると不安がっていることから、ダレスはこのような見解を述べたのだと思われる。

米国は、奄美大島と九州南部に位置する鹿児島県との政治的関係を認めて、一九五三年一二月にこれらの北部の島々を日本の統治に戻した。しかしながら、米国は、奄美大島の返還時に「極東に脅威と緊張が存在する限り」、残りの琉球列島の継続的な統治を行う意思を再度明言した。[2]極東における安全保障の重要性などの理由を挙げ、アイゼンハワー、ケネディ、そしてジョンソン政権の一時期を通じて、沖縄の継続統治の必要性を正当化した。

アイゼンハワー政権時代には、日本が琉球の問題に関与を増やし、返還するべきだという主張が日本や沖縄内で高まり続けた。[3]

一九五〇年代後半になると、日本政府は琉球の経済援助計画に関与したいという要望を公式に表明し始めた。一九五九年九月、藤山愛一郎外務大臣はワシントン外遊中、公式に経済援助を申し出た。一九五九年に日本政府は一二万五〇〇〇ドルと教育指導者二四人を一年間派遣する援助を琉球政府に提案した。さらに米国の琉球への資金割当が不十分であると指摘し、琉球発展のための援助を申し出た。[4]米国民政府の当局者らは、米国政府の琉球政策における巨額の資金不足を日本政府が穴埋めしようとしていると感じた。キャラウェイ陸軍中将は、高等弁務官（一九六一〜六四）に就任当初、琉球における米国の弱体化という不安を口にした。その不安の一つが、琉球における地位を確実なものにしようとする日本に「裏をかかれて」いるのではないかということであった。キャラウェイは、もし返還運動への動きがさらに勢いを増すと、米国が沖縄に投資した何百万ドルは「価値がなくなるか、大幅に価値を下げる」と主張し、返還への勢いを方向転換させるためには米国が経済的な支援を増やすしかないと結論づけた。

キャラウェイは、ワシントンの政府当局者は沖縄の米軍基地が安泰だと軽く考えている、と思っていた。しかし実際はワシントンが「琉球の住民を米国の統治下に置き続けるのに必要な経済的・政治的な状況を用意しようともしないし、できなかった」[5]わけではなかった。

キャラウェイが見たように、一九六一年六月のケネディ－池田会談以降、琉球における状況は悪化し続けていた。この会談の結果によって、日本が沖縄の問題へ関与を強めることになるであろうと日本と沖縄双方は期待していた[6]。日本の関与が増すことは、琉球諸島における米国の統治力を低下させる、というのが高等弁務官であるキャラウェイの見解であった。

一九六一年八月上旬にライシャワー駐日米国大使（在任一九六一〜六六）が沖縄を訪問し、状況に関してキャラウェイ中将と協議した。ライシャワー大使は米国と沖縄住民との関係改善が必要であると同意したが、沖縄の状況の取り扱いは日米のパートナーシップという考えに沿って同時に行われなければならないと強調した。

2．奄美大島返還に関するダラス発言の文書。一九五三年一二月二五日、ニューヨークタイムズ。
3．一九五七年六月の岸総理のワシントン訪問時に、アイゼンハワー大統領との会談において返還問題が取り上げられた。一九五七年六月二一日に発表された共同声明の一部には以下の文章を含む。
「(日本の岸)総理は琉球諸島と小笠原群島の施政権の返還を日本国民の強い要望であると強調した。(一方でアイゼンハワー)大統領は日本が残存主権を持つこれらの諸島における米国の立場を明言した。極東において脅威と緊張が存在する限り、米国の継続的プレゼンスは必要であると指摘した。住民らの福祉や経済的・文化的発展のために米国はこの政策を継続すると述べた」
4．一九五六〜五九年度、米国予算局はそれぞれの年度に陸軍省が琉球諸島統治計画に必要となる額の六六%、四四%、四四・五%、六六%を承認した。
5．陸軍調整官(Army Staff Communications Office)、陸軍省における高等弁務官、7-36、一九六一年七月一三日、機密文書。
6．ケネディ—池田共同声明には以下の文書を含む。
「大統領と総理は米国の施政権下にあり、日本が残存主権を持つ琉球と小笠原諸島の問題について意見交換を行った。大統領は今後も米国は琉球の住人たちの福祉に努力し、日本の協力に歓迎すると述べ、総理は今後の協力を明言した」

C. ケイセン報告

キャラウェイ中将が沖縄における米国の地位に対して危惧を抱いた結果、陸軍省と国防総省は、状況を緩和する方針を真剣に模索し始めた。キャラウェイは、米国による琉球諸島への追加経済援助の必要性を調査する特別対策委員会(Special Task Force)の設立を提案した。一九六一年七月、陸軍は調査グループの設置を提案し、八月上旬には国務省と東京の在日米国大使館がこれに賛同した[7]。八月四日には国家安全保障会議のカール・ケイセンが、シュテール陸軍長官、アイレス陸軍次官、そしてホーガルット国際安全保障局副次官と会談し、琉球における状況の改善には何が必要とされるのかを各々の視点から意見を交わした結果、対策委員会の設置が適切であろうと意見が一致した。八月一一日にはマックジョージ・バンディが署名する国家安全行動メモ第68号(NSAM-68)によって調査団が組織された。国家安全行動メモによると、この調査団は「琉球諸島の現状と、米国の計画を調査するため」に設立した、とされる。

調査団は経済的・社会的状況が琉球住民にどの程度の不満を与えているのか調査し、問題を改善するために必要となる方法や効果的な計画を検討する。任務の実行中に、以下の重要性に留意する。a 米軍の基地としての沖縄、b 日本との友好関係の継続、c 日本との講和条約下での琉球の住民に対する我々の責任。

調査団はホワイトハウスの代表が議長を務め、国務省、国防総省、労働省、国際協力局（ＩＣＡ）の代表らによって組織された。調査するのは公衆衛生や福祉、移民、労働者の訓練、教育、公共事業、琉球政府組織と自治体、米国民政府や日本政府と琉球政府の関係といった政治問題も含んでいた。

九月にはカール・ケイセンが調査団の団長に、ジョン・コフマンがワーキンググループ長に任命された。両グループの構成員は国務省、国防総省、労働省、国際協力局の代表である。ワーキンググループはキャラウェイ高等弁務官、民政官、米国民政府職員、琉球政府主席とその幹部、琉球立法院議会の委員会や個人、団体らと一〇月初旬に三週間かけて沖縄で話し合いを持った。ケイセンと数人のワーキンググループのメンバーは一〇月中旬に上京し、ライシャワー大使と協議した。ケイセンは総理と外務大臣とも会談している。

一一月になると調査団は、主たる問題を考察した報告書を作成した。キャラウェイ中将を通じて、ワーキンググループが到達したその段階での予備的結論が陸軍省に伝えられた。

キャラウェイによるとその結論とは、米国は日本政府と「もっときちんとした、前向きな関係」を持つべきであり、日本政府は、a 一般的な民族統一主義者と、b 組織化された左派の反米感情を可能な限り吸収するべきだ、というものであった。日本政府は、琉球の福利厚生促進にもっと積極的な役割を果たすことによって、米国と上記のような勢力との間の緩衝装置としての役割を果たすことができると思われていた。ケイセンは、日米共同責任による琉球への経済援助計画を日本政府に提示する可能性があると示唆した。さらにケイセン報告書は、琉球政府に広範な自治を与えるならば、琉球政府は重大な争点や問題に関して米国民政府への「伝達ベルト」というより「衝撃緩衝材」として行動してくれると指摘していた。

一九六一年一二月に提出された調査団の最終報告は米国は琉球を独占して恒久的に統治するべきである、という想定を基にして作成された。報告書は、沖縄内の状況の悪化を最小限に留めるために米国が措置を講ずることが不可欠だとした。また琉球の問題は、日本本土に比べ社会や経済状況が劣っているために、琉球の住民たちが日本の施政権下への復帰を切望していることの結果であるとし、琉球政府（ＧＲＩ）には十分な権限もないと指摘した。また、日本本土と比較して、琉球における教育、衛生、福祉、年金は明らかに不足していることをあげ、米国が継続して琉球を統治する最低限の要件は本土と琉球との「格差是正に早急に着手し、最終的に差をなくすこと」であるとも指摘した。

近年（一九五八年以降）日本政府が琉球への公的な支援を申し入れているのに対し、米国がこれらの提供の大半を拒否したことによって、米国の統治下では経済的に不利であるという認識が、誇張されたと指摘している。[8] それゆえ、琉球住民の生活水準レベルの向上のため米国が日本を手助けする、という組織的協力体制の確立が必要である、と報告書は締めくくっている。USCAR（米国民政府）と琉球政府間の避けられない摩擦を軽減するために、琉球政府の自治権の強化と、経済支援の増額は、琉球経済の多様化のために必要であるとも提案している。

調査団の提言はおおむね三分野であった。

1．琉球諸島に関する日米交渉。
2．琉球諸島の経済的・社会的進展に必要な外部からの支援のレベルと種類。
3．琉球政府と米国民政府の関係。

最初の分野の提案は、a 米国が認めている琉球の経済や社会発展計画に対する無期限の支援提供を日本政府と合意すること。b 琉球に対する日本政府の貢献に関して、協議を行う日米共同の政策委員会を設置すること、であった。

米国の琉球支援のレベルに関し、米国の年間支援を二五〇〇万ドルまで引き上げることを含む増額計画が進言された。[9]

琉球政府と米国民政府の関係改善については、とりわけ米国民政府の組織再編成、民間人を民政官に任命することや、琉球政府に可能な限り自治権を与えるため代表団を派遣することを米国民政府が認めるように、と報告書は提言している。

ケネディ大統領は、調査団の提言を基に一九六二年三月に国務長官、国防長官、予算局局長に対し、一連の勧告を行った。三月五日の国家安全行動メモ第133号（NSAM-133）ではとりわけ、ケネディが「日本が継続的に琉球の経済的支援を提供し、同時にその支援が米国の統治には最小限の支障しか来さないような枠組みを準備するよう」、日本政府と交渉を開始することを国務長官に指示した。また、国防長官にプライス法の上限と琉球の軍雇用員の賃金の引き上げ修正案を議会に提示するよう指示した。[10]

ケネディ大統領は、琉球政府により責任を与えるための作業を迅速化するよう高等弁務官に指示した。大統領は最終的に民政官は文官であること、琉球政府の主席は高等弁務官が任命する前に、議会によって推薦されなければならない、議員の任期を二年から三年に延長する、そして議員の定数と選挙区は議会によって決定される、と大統領命令一九五七号を改正した。

一九六一年から一九六四年の間に、ケネディ大統領の命令によるいくつかの改善が成功した。たとえば、一九六二年度、一九六三年度には教員の給与引き上げに対し、米国は一〇〇万ドルを提供した。一九六二年度には教員らの給与は一四％アップした。一九六三年度には軍雇用員は一二％の給与アップと退職年金が設けられた。合意には達したものの、経済支援を提供するため、琉球政府との協力関係を正式なものとするという命令は、一九六四年四月まで実施されなかった。

調査団は、諮問委員会の設置や日本による琉球の開発を実行する手段として、共同のコンサルタントとなる専門委員会の設立を提案した。諮問委員会は外務大臣を日本側代表の中心として、総理府総務長官、駐日米国大使によって構成すべきだと提案した。経済的・専門的な支援の共同提供の方策を調整するために、いずれかの政府の要望に応じて委員会が招集されるとした。専門委員会は高等弁務官が会長を務め、総理府総務長官が指名した政府職員、琉球政府の主席もしくは主席代理によって構成された。この委員会は、琉球における日本政府の経済的・専門的な支援に問題が発生したと思われる場合に、いずれかの政府の要請によって招集される、とした。

ライシャワー大使は、日本による援助のレベルや、過去にある程度討議されていた諮問、専門両委員会の設置をめぐって、一九六二年初夏に日本の外務大臣と協議を開始した。しかし東京の米国大使館とキャラウェイ高等弁務官の間で、この三者による専門委員会の日本代表をめぐって意見が対立したため、この論争が解決するまで、米国は日本政府と相互協力の同意書を作成できなかった[11]。最終的に諮問委員会の設置は一九六四年四月にようやく合意に達し、その年の七月に専門委員会が設置された。

専門委員会の日本代表をめぐるこの論争には、ライシャワー大使とキャラウェイ高等弁務官の不仲が影響していた。ライシャワー大使は、日本が沖縄に示している寛容さを米国は妨害するべきではなく、ケネディ大統領が計画している協調関係をむだにすることになる、と主張した。ライシャワー大使は、那覇の米軍当局は琉球における日本の活動家を制限するのに全力を挙げているが、日本の関心は米国の考えとは違って、破壊分子を見つけ出して適切に扱うことだと主張した。ライシャワーは、日本の対沖縄援助を可能なかぎり制限し、同時にほとんど目立たない分野への穴埋め用として投入しているとキャラウェイを批判した[12]。以下に記したように、米国の対日政策の一環としての沖縄政策は先見の明のない、短絡的なものであるとライシャワー大使は見抜いていた。

7．八月一日、ラスク国務長官は東京の米国大使館に送った電報に、以下のように記した。「ボール次長と高等弁務官との電話による協議で、我々は問題解決と福祉事業や農業、漁業などの分野で改善を提言する対策委員会の設置勧告を用意している」。

8．その例として報告書は、一九六二年度に琉球政府が日本からの支援リストから一九〇〇万ドルのプロジェクトを選択したことをあげた。そのとき、米国民政府はそのリストから「政治的アピールが比較的少ない」プロジェクトをふるい分けし、日本政府に二六〇〇万ドルの要求をしていた。東京側(日本政府)はその後八六〇〇万ドルの支援を持ちかけたが、日本側からの支援額は再度二六〇〇万ドルに減額された。

9．一九六〇年にアメリカ連邦議会は年間の米国支援の上限を六〇〇万ドルと定めたプライス法を通過させた。調査団報告書はこのプライス法の改正案を求めたのだった。増額支援によって資金提供されるプログラムの中には教員や政府職員の給与や退職制度の設置、健康保険や医療施設の改善、災害救済、中央銀行(Central Bank of the Cooperatives)や琉球開発金融公社(Ryukyu Development Loan Corporation)の増資が含まれていた。

10．ケネディ大統領は三月五日にマクナマラ国防長官に送った文書に、「ご存知のようにディーン・ラスク国務長官も私の弟も沖縄の状況が日米関係を深刻化させていると考えていて、我々は可能な限り迅速に改善するため何かをするべきだ」と記した。

11．東京の大使館は、沖縄の日本政府連絡事務所が委員会で日本を代表するべきだと考えた。その一方で高等弁務官は、日本政府連絡事務所が日本の援助プログラムに関与すべきではないと感じていた。その代わり、高等弁務官は、日本の援助プログラムについて米国と協議するために日本から沖縄へ毎年、技術者グループを派遣するように提案した。技術者は沖縄にいたので、琉球政府（ＧＲＩ）の代表や高等弁務官と会って、三者委員会を構成することができたはずだ。

12．その例としてライシャワー大使は、日本本土で沖縄人を訓練したり、日本の技術者を沖縄に送ったりして、日本の技術や専門知識を沖縄にもたらそうという、日本の技術支援プログラムの増加を米国が拒んだことを挙げた。米国は同様に日本が沖縄に医療施設を増設することや、日本資本のモデル農場の活動の拡大も拒否していた。これ以外にも沖縄問題への日本の関与をめぐってライシャワー大使とキャラウェイ高等弁務官の間では数多くの不協和音があった。

第2章

ジョンソン政権下の沖縄問題

解説

第2章は、一九六五年から一九六八年にかけての、主としてケネディの後継者となったジョンソン大統領の下での沖縄返還問題の動向を扱ったものである。一九六五年の佐藤首相の沖縄訪問は、沖縄現地の反戦、反基地運動の激化にともない、歓迎一色とは異なった複雑な様相を帯び、大規模な阻止闘争にまで発展していった。しかし、この訪問の正否はともかく、それが沖縄の祖国復帰の願望をいっそう刺戟する効果をもたらしたこともまた事実であった。

こうした、日増しに高まる日本の対米要求に対し、米国政府内部でも、沖縄返還問題にどう対応するかの議論がしだいに重ねられていくことになった。この議論の中で、米国防総省は、依然として、沖縄の軍事基地としての機能の絶対的維持のため、施政権を日本に返還することに強硬に反対した。これに対し国務省は、日米関係の重要性に照らして、沖縄の現状をそのまま放置することはできないとの観点から、日本への返還を視野に入れた考察を始めようとしていた。この両者の間には大きな隔りがあり、妥協点を見出すのはなかなか困難な情勢であった。

この間に、ライシャワー駐日大使の活動が目立つことになる。大使は、もし国防総省の考え方をとり続けた場合、沖縄現地の不満はさらに増大し、結局は、米軍基地の維持という根本問題にまで重大な影響を及ぼしかねないとして、積極的に返還問題にとり組まねばならないと主張した。以降、米国政府内では、国務、国防両省間の対立をどのように調整し、統一的な指針を探り出すかが主たる作業となる。

当時の米国は、ベトナム戦争の激化にともない、政治、軍事、経済の全分野において苦境に立たされていた。かくして、日本に対しても、経済的に高度成長期に入っていたことに着目して、ベトナム戦争を全面的に支持すること、あわせて米国経済の国際的な改善、あるいは、ベトナムを中心とした東南アジア各国への経済援助の強化などを要請せざるを得なくなっていたのである。

このような要因が、「いついつまでに」といった具体的日程を詰めるまでには至らなかったにせよ、沖縄返還問題を避けて通るわけにはいかないという、米国の判断に拍車をかけたともいえるだろう。かくして、一九六七年に入って、米国防総省もしだいに国務省と同じ土俵にのぼらざるをえなくなり、一部に、米軍基地の維持と完全な自由使用を絶対条件として日本への返還を考慮してもよいという意見も出始めるようになった。

ライシャワーの後継となったU・アレクシス・ジョンソン駐日大使もほぼライシャワー路線に同調し、国務、国防両省の調整に奔走した。この時に、米太平洋軍司令部の沖縄問題に対する報告書が注目された。現在、在沖縄米軍のグアムへの移駐が計画されるようになったが、同司令部は、沖縄返還以前の時点で、すでに米軍のグアムへの移転を進言していた。すなわち、沖縄施政権の日本への返還後においては、なお米軍の沖縄駐留にこだわるよりは、すべて自由に行動できるグアムへ基地を移す方が国益上、はるかに得策であるというのだ。

ただし、これには沖縄基地への米国の投資という財政上の問題が絡んでいた。この点で、沖縄返還にともなって〝思いやり予算〟がひそかに施行され、やがて、基地の移転にとどまらず、維持費のほとんどすべてを日本側が負担するという、待ちに待ったプレゼントが転がりこんできたために、その後、この米太平洋軍司令部の提案に修正の余地が出てきたことも事実である。

それでも米国防総省のグアム重視の姿勢はなお続いていた。在沖縄米軍の移転にともない、グアムの米軍インフラを日本側が整備拡充することが決まり、米太平洋軍が描いていた理想型は、いまや現実のものになりつつある。

沖縄返還問題は、一九六七年九月の三木外相の訪米によっていよいよ本格的段階に入った。三木は、日本の国内事情、とくに佐藤内閣の立場を説明して、沖縄の早期返還を強く要望した。これに対し、ラスク国務長官は、米国が国際的に直面している諸問題、とくにベトナム問題への日本の積極的協力を要請した。具体的には経済面での日本の援助の拡大であり、それはベトナムに限らず、アジア開発銀行への拠出および米国の対日国際収支の改善など、多くの分野にまたがる広範なものであった。

この三木訪米と前後して、実は、日本側で別個の秘密外交が始まろうとしていた。自民党の福田赳夫幹事長の推薦で佐藤首相の密使となった若泉敬が、この頃から極秘裡にホワイトハウスと接触しようとしていたのだ。佐藤首相は若泉に対し、同年一一月の訪米までに、なんとか米国から沖縄返還の「時期」を〝二、三年以内〟に固めるという言質を取るよう、強く指示したのである。

以降、沖縄返還交渉は、外務省、そして福田幹事長がやがて蔵相に就任する大蔵省(現・財務省)、そして「密使」という、過去に例をみない〝三元外交〟によって遂行されることになる。

これに対し、米側は、国務、国防両省の対立をやがては克服して、ホワイトハウス中心の強力な一元体制で応じ、とりわけ国家安全保障会議が中心的な役割を担うことになる。それでも佐藤訪米前の米国は、ベトナム戦争の渦中とのこともあって、なお返還時期の確定には消極的であった。日本の外務省内では、佐藤訪米時には、返還交渉の「継続」をとりつけるのが精一杯の成果だという観測が強かった。

ところが、そうした外務省の観測に反し、若泉の秘密外交が予想外の成果を獲得することになる。若泉の相手は、ジョンソン大統領が最も信頼していたウォルト・W・ロストウ大統領補佐官であった。若泉は、返還時期にメドをつけるべく懸命の工作を続けた。この件は、後に『他策ナカリシヲ信ゼムト欲ス　核密約の真実』(文藝春秋、一九九四年)という「告白」の書で克明に記されている。

対ロストウ工作の中心テーマは、やはり、米国のベトナム戦争への日本の協力のあり方であった。その結果、日本は、米国のベトナム戦争を全面的に支持し、同時に、ベトナム(当時は、南ベトナムを指す)のみならず、米国が〝ドミノ理論〟によって、共産主義の影響を受ける恐れあり(これは明らかな誤判であったが)とした、東南アジア全域に対する援助を拡充することにもなった。

それにより佐藤首相は、ナショナル・プレス・クラブのスピーチで、世界から、米国による〝侵略〟あるいは〝不当な軍事介入〟として激しい非難を浴びていたベトナム戦争について、あえて「……米国がアジアに対する関心を失えば、アジアの平和と安全のみならず、世界の将来に重大な影響を及ぼすことになる……」と評価した。また、米国の傀儡政権とされていた南ベトナム政府についても、「……私は南ベトナム政府訪問に際し、選挙によって選ばれた新しい指導者が真剣に平和を求めている姿を知り、心強く感じた」と賛美したのである。

このような対米誓約によって、ロストウは、少なくとも日本側が国内的に成果を強調できるような共同声明の作成について、ある程度の理解を示した。かくして、佐藤―ジョンソンの共同声明においては、「佐藤首相は返還問題の合意は、これから数年内(in a few years)に達成されるべきだと強調し」、日米両政府ともに、「琉球諸島の施政権を日本へ返還するという目的に向かって」、「共同かつ継続した調査の下に置くことに同意した」という表現となったのである。"in a few years"を日本側は、「両三年以内」というように訳し、国内に向け、この「両三年」を広くアピールして、やがてこれが定説となってしまった。

このように、沖縄返還問題はジョンソン大統領時に大きく前進した。そして次のニクソンに至るまでの間、ジョンソンの次期大統領選への不出馬など米国の国内事情によって、小休止の段階に入るのである。

A．国務省―国防総省の不一致、一九六五〜六六年

米国は対日政策に無関心だ、とライシャワー大使が一九六五年七月に懸念を露わにした。ライシャワー大使は、国務長官宛てのメモランダム（覚書）のなかで、米国にとって良好な日米関係の維持はきわめて重要であり、琉球は日米関係において最大の論争を引き起こす火種となりかねず、琉球における米国統治を継続するためには日本の協力が不可欠であり、琉球をめぐる対立は日米関係の多方面にわたりはかり知れない損害を与えかねない、と米国の対日政策に対して異議を唱えた。ライシャワーはワシントン（米国政府）が東京（日本政府）に働きかけて、最終的には琉球諸島の返還の可能性を念頭に置いた、新たな日米関係の基礎となる協議を開始するよう提案した。沖縄における米国の統治は時間切れを迎えつつあり、基地の価値を損なうことなく、将来的に行政責任を日本に返還可能かどうか分析、研究するよう促した。

ライシャワー大使の意見に賛同したディーン・ラスク国務長官は、九月二五日付のロバート・マクナマラ国防長官宛のメモランダムの中で、問題解決に向けて二本柱の取り組みを提案した。

1．可能な限り日米関係における不満を取り除く。

2．極東における日米共通の利益を相互に確認するため、日本政府と高官レベルの協議を実施し、日本の役割の拡大を促す。

ラスク国務長官は協議の実施前に、国務省と国防総省が秘密裏に日米関係に関する研究を行うべきだと提案した。ラスク国務長官は特に、日本の自衛隊、日米の総合的な戦略関係そして、琉球諸島における米国の立場に関わる研究を提案した。琉球諸島に関しては、基地の機能を損なわずに日本が琉球住民に対する施政権を担うことができるか、という分析が含まれていた。

一〇月一一日、マクナマラ国防長官はラスク国務長官の提案を受け入れ、同月一三日には統合参謀本部（JCS）も研究の実施に合意した。その一方で統合参謀本部は、米国の安全保障において琉球統治がいかに重要であるかを強調した。翌月の一一月一〇日、ヴァンス国防副長官宛てのメモランダムの中でウィリアム・バンディ国務次官補は、この研究を実行するために省庁間グループの立ち上げを進言し、日本の自衛隊を研究するための付託条項も提案した。一一月二二日、国際安全保障問題局のジョン・マクノートン国防次官補は、バンディ国務次官補の提案に同意し、共同研究グループの琉球研究班の国防総省の代表に指名された。マクノートン次官補の国際問題担当の補佐には陸軍省の副次官があたることになった（国務省、国防総省合同のワーキンググループの初会合は一九六六年一月二〇日に開かれた）。

一一月二四日、マクナマラ国防長官は統合参謀本部に対し、琉球問題に関する公式見解を求めた。一二月二三日、統合参謀本部は、琉球諸島における今後の米国統治に関する包括的な研究を取りまとめたが、それは沖縄問題に関する国防総省の見解の基礎となるものであった。現行の日米安全保障条約や特別協定における米軍の特別な権利の合意があろうとなかろうと、統合参謀本部は今後も返還には反対だと主張した。統合参謀本部の研究による主な結論は以下の通りである。

1．返還は米国の戦略態勢を損なわせ、極東における米軍の立場に深刻な損失を与える。琉球の独占統治権は当面の間、米国の安全保障上の利益において不可欠である。

2．極東には脅威が存在し、不安定な状況である以上、返還へのタイムテーブルを設定することは非現実的である。

3．在沖米軍の運用に対して、他国からの政治的関与という直接的な強制を受けないよう、米国単独で琉球を統治すべきである。これは、米国が重要な軍事基地として沖縄を可能な限り維持するためには不可欠である。

4．日本が太平洋地域における自由主義世界の防衛に消極的である限り、米国は単独で沖縄を統治する必要性は強い。

5．米国の安全保障上に悪影響を及ぼさない行政機能に関しては、琉球政府に移管すべきである。

6．日米の経済的支援は継続すべきだが、米国は日本の援助を基本的にコントロールすべきである。

7．一九六五年七月にライシャワー大使が沖縄の問題を警告して以来、日本と沖縄における政治的状況の改善が見受けられる。

国防総省には国務省は両三年以内の返還という最終目標に向けて可能な限り迅速に沖縄の自治を拡大していく努力を払うだろうと信じる理由がある。米軍は、沖縄の施政権を移すいかなる方策にも強固に反対していた。しかし、国防総省内の一部では、米国の統治を危うくすることなく、いかにして自治の拡大を認めることができるか検討されていた。国務省と国防総省の合同ワーキンググループ立ち上げの要請に対する回答として、琉球政府にとって最大限の自治権拡大が認められる分野の提案リストが一九六六年一月一四日、陸軍参謀本部参謀次長・作戦担当（DCSOPS）から陸軍副次官に送られていた。リストには、米国民政府の琉球政府の立法権への関与縮小、琉球政府裁判所の刑事裁判権、出入国管理、恩赦を与える権利拡大も盛り込まれていた。[1]

一九六六年三月に、ジョンソン大統領が省庁間関係の問題に関して国務長官の権限を軽減し、補佐するための上級省庁間グループ（SIG）編成を命じると、日米関係の包括的な検討は国務・国防ワーキンググループの会合から外された。[2]

同年の三月一六日に上級省庁間グループの委員長が国務長官、国防長官、国際開発局長官、CIA長官、米国情報庁長官、統合参謀本部議長宛てにメモランダムを提出し、極東担当省庁間地域グループ（FE-IRG）に日米関係に関する一連の調査を実施するよう提案した。この極東担当省庁間地域グループに対する政策ガイドラインは以下の通りであった。

米国の外交政策の重要目標は「政治的・経済的安全保障において日本と最も密接な関係を維持し、日本政府に対し、自国の国益のためにより広義の責任を果たすよう促す」とした。極東担当省庁間地域グループの以下の項目に関する研究は、一九六六年五月一五日までに終了するように、とした。

- 自衛隊
- 琉球の基地
- 日米安全保障条約
- 日米関係全般

琉球の基地に関する報告書は、基地の機能を損ねることなく、将来のある時点で統治責任を日本に返還することが可能か、そして米軍基地の政治的環境を安定化することが可能かどうか、といった分析を含む、今後の琉球の基地に必要となる事柄を列挙していた。

上級省庁間グループの指示を受けて、一九六五年一二月に統合参謀本部が示した、将来の琉球の米軍統治に関する国防総省の見解を踏まえて、国務省は琉球の基地に関する研究原案を準備することに合意した。

国務省は一九六六年四月、返還を承認できないという統合参謀本部の結論に反論する提案原案を提出した。国務省の草案の要旨は以下の通りであった。

1．米国の琉球政策は、琉球の住人たちの自治に対する強い願望や、琉球の問題に一層の関与を希望している日本の要求に十分に応えていない。

2．琉球には政治的不安定と民衆の不満が存在しており、日本国内では琉球の施政権返還への運動が高まりつつある（米軍基地として必要な権利を保証した上で）。日本政府は近い将来、おそらく一、二年の間に返還を提案するであろう。

3．日本政府が米軍基地の必要条件を損なわず、琉球問題に積極的な役割を果たすことができれば、日本として米国の目的を支援するであろう。もしできない場合は、国内の圧力に屈して米国の利益に反する方向を主張せざるを得ないかもしれない。

4．琉球における米国の選択肢を秘密裏に研究するためワーキンググループを設置し、省庁間地域グループ（ＩＲＧ）や上級省庁間グループ（ＳＩＧ）に政策提言をするべきである。ワーキンググループは米軍にとって必要な施設、権利に関して詳細な評価を行い、同様に琉球における米軍の権利を制限を受けることなく維持し続けるという条件で、返還の実現性の評価をするべきである。

ライシャワー大使は、このワーキンググループ設置の提案に同意しなかった。彼は五月二四日付の国務省宛の電報の中で、今後二〜五年後には琉球の現状を持続することは不可能になるであろう、とみる国務省やアメリカ大使館の意見を国防総省が無視し続ける限り、この琉球ワーキンググループからなんら有益な結果を生み出すことはできない、と異議を唱えた。ライシャワー大使は、現在の政治的状況に依存して今後長期にわたる現状継続は不可能であり、米国が最も必要とする基地の権利を行使するためには、米国の権利の縮小を受け入れる覚悟をする必要があるという国務省の見解を繰り返したのだった。

ライシャワーは、国防総省が受け入れがたいと主張するのは理解できるが、問題の本質は日本への施政権返還もしくはそれに代わる措置を慎重に明確化し、ほんのわずかの権利縮小を防ぐことではなく、完全に基地を失うとともに非常に重要な日本との関係も失うような事態を避けることであり、国防総省の見解はこの視点をまったく無視していると強く批判した。

さらに、琉球の基地問題は本質的には政治問題であり、国務省の役割が重要であるべきだとも指摘した。加えて琉球の問題は日本との関係全般の一部である、と強調した。琉球をめぐる深刻な日本との不和は、日米関係崩壊の主要な原因にもなりかねず、日本本土と琉球の基地の両方を放棄せざるを得なくなると主張した。国務省と国防総省の見解がすでに相容れないことが、結論に影響すると推測されることから、ワーキンググループが有効な役割を果たせるかどうか、ライシャワーは懐疑的だった。むしろライシャワーは、米国の対日政策における統一見解によるなんらかの具体的な提案を望んでいた。それは琉球問題の長期的な解決の選択肢を現実的に研究し、問題解決に向けた将来的な動きとなる計画が作られることであった。

国防総省は、一九六五年一二月の統合参謀本部の研究と国務省の草案とは、議論や提案がほとんど相容れないと結論付けて強く反対した。国務省の草案に対する国防総省と統合参謀本部の反発は以下の点に集中した。

1. いかなる取り決めであろうと返還は米軍基地の戦略的価値を低下させ、極東における米国の軍事態勢を非常に弱体化させる。
2. 米国の政策は統治下における琉球人や日本人の要求に可能な限り最大限の配慮を払っている。
3. 国務省の施政権返還草案が強調する緊急性と懸念の度合いは、統合参謀本部と同意見ではない。日本政府は米軍基地と施政権の分離を快く思ってはいない。
4. 米国の統治に対する不満を持っているのは日本本土と琉球の一部の人々だけである。
5. 専任の高官レベルの研究グループ(high-leveled working study group)の設置は不必要。研究は省庁間地域グループ(IRG)と上級省庁間グループ(SIG)の後援のもとに、国防総省と国務省内で実施されるべきである。

五月、太平洋軍司令官（CINCPAC）は統合参謀本部に電報を送り国務省の草案に対して、統合参謀本部の一九六五年一二月付の見解を支持する、と再確認した。その基本的な見解は、米国が極東地域の平和と安全保障に対する責任を負うということが琉球の研究の前提であり、米国は西太平洋地域において強力な地位を維持しなければならない。したがって沖縄の基地は制約を受けずに使用できなければならないが、日本に沖縄の施政権を返還したのではそれが不可能になる、というものであった。

太平洋軍司令官は、国務省が提案したどの代替案も、米軍基地の体制の有効性を否応なく弱体化させるものだと反論した。琉球の日本返還は、実行不可能な施策であり拒否されるべきである。仮に日本に施政権を移す見返りとして、米国の大幅な権利を認めるように説得し、日本が応じたとしても、米国が享受する権利は今後「徐々に減少」していくだろう。さらに施政権の返還後、即座に米国の権利の廃止を求める運動が始まるであろう、と述べた。

太平洋軍司令官は、琉球の施政権は軍統治と分けるべきだという国務省の提案は日本に主権返還に向けた序章だと誤解を与え、加速的に支配権を失う恐れがあると反論した。その上、基地の長期的な戦略的使用をめぐって、将来日本と交渉する際に米国の影響力が大きく弱まるであろう。さらに米国が沖縄に対する主権主張を譲歩することで、近い将来、日本が太平洋地域における安全保障の役割を強化して釣り合いが取れるようになる、という現実的可能性はとてもなさそうだ、と反論を加えた。

一九六六年五月、ワトソン高等弁務官(在任一九六四〜六六)は国務省の草案に対する返答を送り、単に日本の国益に対応するためだけに、琉球の無制限な使用が妨げられてはならない、と陸軍省への電文で反論した。ワトソンによると、日本で台頭するナショナリズムには、日本がこれまで示してきた以上に積極的な姿勢で自由世界の集団的安全保障に取り組むという前提が必要である。さらに米国の方針として、日本政府が国内的に沖縄に対する立場を強めなければならないということには同意したが、個別の政治的譲歩から米国が得る利益というものは不確かであり、そのような状況の中でいかに米軍の勢力を弱体化せずにいられるか、という点には言及しなかった。段階的に施政権を返還することは、今後日本政府に対して積極的に防衛の役割を果たすように求める交渉で、有利な材料を徐々に失っていく「サラミ」戦術とみなされる、というのだ。

マックギファート陸軍次官もまた琉球の基地、権利と統治は米軍の軍事目的において不可欠であり、研究など行う必要はないと国務省の草案に反論した(しかし次官は、琉球の施政権を日本と共有しないという前提で、日本での利益を正当に受け入れることに関する研究には乗り気だった)。マックギファート次官は、近い将来の返還を受け入れる可能性を探る特別作業グループの立ち上げには国防総省として反対する方針を強く主張し、基地の運用の研究には、既存の機関で必要に応じて対応するよう提案した。しかしその後、次官は、五月の国防次官補・国際安全保障担当(ASD／ISA)の代表との会議の後に、基地権の協議は可能であろうという前提で、返還に関する基本的な研究には賛同すると、この問題についての考えを変更した。しかしそれは琉球や日本の世論、琉球の自治や琉球における日本の利益といった基本的な問題の予備調査が終了した後であれば、とした。

五月二七日、マックギファートは国務省草案の修正版を国防次官補・国際安全保障担当宛てに送った。その修正草案を受理した国際安全保障担当（ISA）は、承認を得るために国務省に送付した。国務省と国防総省による広範囲にわたる議論と譲歩の末、琉球の基地に関する研究を実施する省庁間のワーキンググループ（IRG）の設置を求める中間報告が上級省庁間グループ（SIG）に送られた。[3]

一方で、五月二五日に開催された極東担当省庁間地域グループ（FE-IRG）の会議の席上、ウィリアム・バンディ（国務次官補）が研究はまだ終了していない旨を報告し、琉球調査報告書は大掛かりな調査であり、期間内に終了は不可能だと上級省庁間グループに対して報告することを提案した。

六月三日、国務省は微修正を加えてマックギファートの草案に示された国防総省の見解を受け入れた。六月四日、国務省と国防総省が合意した草案は中間報告として上級省庁間グループに送られ、基地問題を詳細に研究するグループの設置が提案された。極東担当省庁間地域グループは、将来の琉球における米国の必要条件についての調査はまだ終了していないことを暗に認めた。極東担当省庁間地域グループの中間報告では、極東において制限を受けずに琉球の基地を運用することが不可欠である限り、米国は施政権の返還という現状の政策を変更する口火を切るべきではないが、琉球の自治と行政に関与せずに、実行可能な範囲で琉球住民の自治に重要な役割を果たすことを承諾すべきだと述べた。しかし草案が指摘するように、日本人や琉球人の現状に関する関心は高まりつつあった。それゆえ、米国はかれらの返還への感情に目を離さないように十分気をつける必要があった。その結果、上級省庁間グループへの最終報告と提言の前に、以下の項目についてより詳細に調査をする必要があるとした。

1. 琉球と日本の世論。
2. 意識の変化の可能性。
3. 琉球に関する適切な政策指針の明確化と展開。
4. 想定される日本の提案に対する米国の適切な方針。

中間報告では、一九六五年の統合参謀本部（ＪＣＳ）の研究は、この問題に関わる他の省庁の文書と同様に参考として扱うべきとした[4]。研究を担当するワーキンググループは、国務省、ホワイトハウス[5]、国防次官補・国際安全保障担当、陸軍次官代理（ＤＵＳＡ）、および統合参謀本部の代表により構成され、議長は国務省[6]が務め、一九六六年七月一日に、極東担当省庁間地域グループに対し、以下の提言を行うことになった。

1．琉球に関する琉球住民と日本の世論と公式見解、今後四～五年の間に予測できる変化、そして日米関係全般に与える影響の評価。
2．以下においてどのような対応が考慮されるべきか。
a．琉球の住民の自治拡大への熱望。
b．日本の琉球問題の関与増大への願い。
c．今後数年間に起こる日本からの施政権返還に向けた圧力。

ワーキンググループの結論を踏まえ、省庁間地域グループ（IRG）は上級省庁間グループ（SIG）に報告、さらにワーキンググループに以下の研究をするように伝えた。

1．施政権の返還が必至となった場合、その結果として基地の機能に与える障害の度合い。
2．日本に施政権を返還した場合、琉球やその他の地域において米軍が必要とする作戦を継続可能とするための緊急対応策。
3．施設撤去または琉球やそれ以外の地域での代替施設建設に必要となる経費。
4．部分的施政権の返還の実効性と経費の評価。

1．米国民政府の民政官は、二月二五日の陸軍参謀本部参謀次長・作戦担当宛ての書簡の中で、琉球政府の自治権を拡大する提案の多くに同意した。

2．国家安全行動メモランダム341号は、国務長官、国防長官、国際開発局長官、CIA長官、統合参謀本部議長、国際交流庁長官宛てに送られ、三月二日に承認された。それに伴い、国務長官に複数の省庁間の海外における活動（戦場で作戦にあたる米軍人に対する権限は含まれない）の全体の指揮、調整、監督の権限と責任が与えられることになった。国務長官を補佐する上級省庁間グループは国務次官を委員長として、国防次官、国際開発局長官、CIA長官、統合参謀本部議長、国際交流庁長官、国家安全保障問題担当の大統領特別補佐官によって構成された。省庁間地域グループは、上級省庁間グループの地域ごとの小グループとして設置されることになった。

3．国務省と国防総省の違いにより、上級省庁間グループ（SIG）が三月一六日の覚書で極東担当省庁間地域グループ（FE-IRG）に指示した琉球基地の研究は五月一五日までに終了しないことが五月初旬に明らかになった。

4．当初の国防総省の草案によると、統合参謀本部の研究は「充実した内容の構成要素」となるはずであった。しかし国務省はこの文言を削除し、上記の文言とのさしかえを主張し、その後国防総省の了解を得た。

5．国務省はホワイトハウスの代表をワーキンググループに参加させるよう提案し加えた。

6．国務省は同省の代表が議長となることを強く要求した。

B．上級省庁間グループ（SIG）と省庁間地域グループ（IRG）の行動――一九六六年六月～九月

一九六六年六月七日、省庁間地域グループ（IRG）の中間報告を検討するために上級省庁間グループが集まった。そのとき公式に「琉球ワーキンググループ」（およびその研究プログラムを含む）設立に対する了解が下された。ワーキンググループの初会合は一九六六年七月一四日と決定した。[7] グループは陸軍次官代理・国際問題担当（DUSA／IA、国際関係）が琉球における世論と公式見解について主たる草案報告を作成することに合意し、琉球と日本の要望に対する米国の対応の選択肢の草案をまとめることになった。国務省は、日本の世論と公式見解、そして返還に向けた日本の圧力封じの可能性評価に関する草案を用意することになった。

六月二九日、日本の世論と公式見解をまとめた国務省の最初の報告書草案が提出されたが、報告書では、米国の将来的な琉球統治の見通しは概ね悲観的だと結論づけた。日本政府にとって国内のナショナリズムの高まりと返還に向けた感情は問題化しており、今後五年間にわたって日本は琉球に対して神経を尖らせ、返還への要求は高まるであろうと予測した。統治側である米軍と、日本の世論を後ろ盾にした琉球の住民の間に大きな衝突が起こる危険性が増し、衝突によって日

米の協力関係に崩壊を引き起こしかねない。日本国内の状況を分析すると、琉球の置かれた立場を根本的に変更するよう日本が主導権を持って働きかける方向に向かっている。世論や社会の流れは、明らかに返還要求から既に引き返せないようである、と報告書は伝えた。また報告書は、一九六六年から一九七一年の間に危機的状況を迎えると予測した。もし今後、日本の琉球に対する関与の道が閉ざされたり、琉球で大規模な民衆の反対運動が起こった場合は、復帰主義者の圧力は急速に強まるだろう、と述べた。

報告書の草案は、日本政府の琉球への関与拡大が可能な分野や、琉球政府と住民に自治権を委譲できる分野にも言及した。具体的には、教育や公衆衛生のようないくつかの分野で日本政府の助言的役割の拡大を推奨した。住民が、日本の社会保障制度を受ける許可を与えるよう提案した。また、琉球内の行政に関するあらゆる問題に関する議論の場として、諮問委員会を十分に活用するように提案した。さらに、日本政府による経済援助の制限をなくし、日本政府が経済計画と開発に関して琉球政府へ直接助言できるように勧告した。

しかし、これらの策を講じても無期限に米国統治ができるわけでなく、楽観的に見ても五年以上の現状継続は困難である、と述べた。そして比較的短期間に、日本に施政権を返還することの影響を考える方が緊急課題であるとした。また「返還移行期」に危機を回避できれば、日本と琉球の住民が現在の琉球における基地権継続を、その後も不本意ながら受け入れる可能性が増す、と反論した。また危機の回避によって、米国の琉球単独統治や日本の防衛に対する方向性を促して、返還後も基地の重要な中核となる基地権を今後、日本が自発的に受け入れるまでの政治的期間を最大限に稼ぐことになるだろう、と記した。

六月二九日、米国の琉球統治継続に関する世論と、公式見解に関する陸軍次官代理・国際問題担当の草案が配布された。この草案は、国務省と同様に、将来的な米国統治について悲観的だった。琉球住民や政党は返還を希望しているが、概ね日米協力の枠組みの中での返還を望んでいると記されていた。さらに、反米感情とそれを助長する可能性がある事柄も挙げた。議会がプライス法による沖縄支援の上限二五〇〇万ドルの引き上げ拒否や、米軍の訓練による死亡事故、財産への被害、ベトナム戦争の作戦による基地の使用の激化、現職の在任期限となる一九六八年に米国が主席公選を認めない点などであった。

ワトソン高等弁務官は、国務省と陸軍次官代理・国際問題担当が作成した草案における議論や提案に対し、多くの異論を唱えた。大体においてこの草案には軍事基地の長期維持という、琉球における米国の主たる国家方針に対する視点が欠落しているというのが、ワトソンの指摘であった。さらに、これらの研究は米国の目的を遂行するために有効な提案にはなっていないと切り捨てた。既に沖縄は返還の移行期にあるという国務省の見解に対して、実際は移行期の段階にはなく、今後の移行を導く外交政策段階にすぎず、米国にとって、機能的な基地を維持しながら最良の長期的取り決めを取り付けるための交渉の準備の期間である、と反論した。もし段階的に譲歩するならば、返還の際には、日本本土で米国が得ている程度の基地権の合意しか引き出すことはできず、基地の自由使用はまったく望めないことになるだろうと高等弁務官は草案の中に示された提案の多くは、受け入れがたい権限の低下に繋がると考えていた。

事態は返還に向かっており、制御不能なこの状況を避けることはできなかった。米国は琉球の自治と琉球での問題への日本の関与の拡大に向け、迅速に動き出すべきだとした国務省の見解に対し、陸軍参謀本部参謀次長・作戦担当（DCSOPS）もまた七月一三日付の陸軍次官代理（DUSA）宛てのメモランダム（覚書）の中で反論した。陸軍参謀本部参謀次長・作戦担当は、那覇における統治は効果的に行われており、東京のしっかりした目先の利く外交によって事態は見通しがつかないものとはなっておらず、半永久的に事態は掌握されていると反論した。研究はこの点に注目すべきだと指摘した。

七月二三日、ワーキンググループは第二の草案を取りまとめた。その草案は最初の草案と類似するものではあったが、統合参謀本部（JCS）が一九六五年一二月にまとめた結論と同じ論調のものだった。その結果として、今後の米国の行動のガイドラインとして以下を提案した。

1. 基地体制の軍事的有効性を維持する。
2. 米国による統治を継続する。
3. 順序立てて、意図的に琉球の自治を拡大する。
4. 効果的な米軍基地の維持と返還へのスムーズな移行の必要性を日本政府に明確に認識さ

せる。
5．基地の運用に影響しない民間の統治に関しては、日本政府との密接な協議を歓迎する。
6．日本政府の協力の下で、琉球の住民の経済と社会保障の水準向上に継続して取り組む。

ワトソン高等弁務官は、八月一日付の電報で第二草案に対する意見を述べた。草案の結論にあらためて反対し、米軍統治下で無制限に軍事基地を有効に維持する、という米国の長期的な国家視点が欠落していると指摘した。長期とは、極東で国際紛争の原因がなくなるまでの長い期間が必要であり、今後二五年間にわたる安定した取り決めを意味するとした。米国は短期的には最大限、基地を有効に持続させること、長期的な合意を得るために最も有利な交渉条件を模索するべきである、と述べた。

またワトソン高等弁務官は、長期的な取り決めに関して、日本政府がこちらが受諾可能な条件を提案してくるまでは少しずつ適切な譲歩をしていくことで、しばらくの間基地の有効な使用を維持できる、と米国民政府は考えていると報告した。さらに草案が提案しているいくつかの方策は米国を返還へ引きずり込むと、提案の実施に反対した。琉球の自治拡大と対となる日本への譲歩は、ささいなことがいつのまにか急速に悪化する「雪だるま」効果を最小限に防ぎ、米国統治の本質的要素を失わないようにするため、段階的に時間調整して行うべきであると述べた。太平洋軍司令官と米太平洋陸軍司令官はこのワトソン高等弁務官の指摘を支持した。

ライシャワー大使は、このワトソン高等弁務官の見解には反対だった。ライシャワーは八月六日付のラスク国務長官への電報で、国務省と陸軍次官代理・国際問題担当の草案に同意し、変更の提案はしなかった。ワトソン高等弁務官の提案は根本的に草案の性質を変更するものであり、この変更が受け入れられた場合にはライシャワーは同意しないと反論した。琉球における米国の目的とは、極東における包括的な米国の国家目的に沿うものであり、それは草案の中に適切に反映されていると主張した。これまでの琉球における米国の政策は、苦境に立たされた時にのみ譲歩するものであり、良好な日米関係を確保するために、できる限り迅速に琉球の自治と日本の関与を拡大すべきだと提案した。

八月七日、太平洋軍司令官は草案に対する見解を公表した。米国が極東における平和と自由を維持する責任を負い、そして共産主義国が米国の方針に攻撃的な姿勢を取りつづけている限り、西太平洋地域での強い地位を維持しなければならない。米国は沖縄の米軍基地の使用に制限を受けるべきではなく、そのためには沖縄の基地の無制限な運用や統治なしでは不可能であり、施政権が返還されるとそれが保証されない。したがって今後の研究によって、施政権移行の実施に関する実行性と望ましい方向が示されない限り、琉球の返還はありえないと太平洋軍司令官は述べた。さらに、草案のガイドラインが提示した日本政府へ移行する行政権の種類は、あまりにも広範囲過ぎるのではないか、と述べた。結論として、太平洋軍司令官は、一九六五年の統合参謀本部の報告書を琉球政策の主たる基本方針として採用すべきであり、米国の目的は琉球の基地の完全かつ無制限な軍事作戦の権利を維持することだとした。

八月、現場から受け取った意見を取り入れて、米太平洋軍参謀本部第5部（J‐5）は草案の改訂版の準備に着手した。この改訂版は、その後琉球ワーキンググループの議長であるリチャード・スナイダーに送られた。八月一八日、ワーキンググループの合意を受け、八月二四日には省庁間地域グループでこの改訂版は異論なく承認された。「私たちの琉球の基地（Our Ryukyuan Bases）」と題されたこの改訂版は、九月一三日の会議で審議するために上級省庁間グループへと送られた。

この改訂版は以下の結論を取りまとめたものである。日本と琉球では復帰運動が高まっている。しかし現段階において、制御不能なほどの危機ではなく、米国は琉球の問題に対して効果的に対応をしている。日本の役割を拡大し、米国統治の本質を変えて日本の役割を拡大すべしという要求は強いが、米国統治を継続する枠組みのなかで要求に応え、復帰主義者の圧力を封じ込め、統治容認を引き延ばすことができる。今後五年の間、ベトナム戦争の収束後に日本が施政権返還を求める主導権を示すのではないかと考える雰囲気が日本と琉球にはある。「一九七〇年代」までに十分な世論の支持や琉球の賛同を受けて、日本政府が米軍基地の特別な権利を含む交渉の準備をする可能性が大きくなっている。その権利とは、米国の安全保障上不可欠である最大限自由に行える軍事作戦を含むものであり、したがって返還後も長期にわたって琉球の米軍基地を有効に維持使用できるであろう。

さらに具体的に述べると、この報告書には七月二三日の改訂版に記された米国の計画ガイドラインを盛り込み、琉球政府の権限を拡大するための特別措置リストを含んでいた。報告書には、米国が希望する日本政府の支援額と種類について「取り込みやすく、有益な額」を引き続き模索するべきだと記された。さらに経済計画、開発の両面で日本政府が米国民政府と琉球政府（GRI）を支援することを許可し、諮問委員会によって琉球に関する幅広い分野での活発な議論を行うよう提案していた。

上級省庁間グループは九月の会議において以下の提案を承認した。

1. 報告書が述べているように、日本と琉球双方における復帰運動への対策を講じるべきである。米国は統治や米軍基地の軍事作戦能力を損なうことなく、琉球における自治の拡大や日本の琉球問題への役割を常に拡大させていくべきである。

2. 同時に日本政府に対して、米軍が軍事作戦を引き続き行うことの重要性を強調し、復帰論者の要求や圧力はコントロールできる範囲に留める。そして米国の目的達成のために日本政府の助言や協力、支援を求めるべきである。

そしてワーキンググループが報告書に示した行動計画を実行に移すべく、高等弁務官と在日米国大使館に共同で省庁間地域グループへ計画書を提出するよう求めた（この計画書は一九六六年一二月一五日までに省庁間地域グループに送られた）。また、復帰論者の圧力とそのような圧力を封じ込めるための措置を分析して、高等弁務官と在日米国大使館は半年ごとに報告書を提出することに合意した。

一九六六年一二月一五日、極東担当省庁間地域グループ琉球ワーキンググループは、以下に関する報告書も省庁間地域グループに提出するように求められた。[8]

1．日本に施政権を返還した場合の琉球の基地の有効性と、米国の防衛態勢全体に及ぼす損失と必要性への影響。
2．返還に伴い、琉球やその他の地域で必要となる機能を確保するための計画。
3．琉球やその他の地域の施設移転や代替施設建設のための費用。
4．施政権の一部移行の実効性、およびそれに伴う費用及びその他必要となる費用の査定。

九月二一日、琉球ワーキンググループは、上級省庁間グループが求める研究の概要を承認した。[9]そして米太平洋軍参謀本部第５部の代表が主要草案の準備責任者に任命された。草案の概要には以下の分野が含まれ、グループのメンバーらに分析が委ねられた。

・本件に関わる琉球と日本における政治的意見　国務省、陸軍

- 日本への施政権返還による軍事機能への影響　統合参謀本部(JCS)[10]
- 日本への施政権返還による非軍事機能への影響　CIA、陸軍[11]
- 日本と琉球における米軍基地権の比較　国際安全保障担当(ISA)、国務省
- 日米事前協議と琉球との関係　国務省、国際安全保障担当
- 返還交渉に関する日本と琉球の世論の分析　国務省、陸軍
- 部分的返還において考えられる可能性と課題および返還に向けて可能なシナリオ　ワーキンググループ

7. 国務省のリチャード・スナイダーが議長を務めることになった。国防次官補・国際安全保障担当(ASD/ISA)のステッドマン氏の代理としてボイルズ大尉、ベイカー将軍の代理として統合参謀本部(JCS)のリッザ大尉、ホワイトハウスのジェームス・トンプソン氏、そしてテディアス・ホルト陸軍次官代理(DUSA)が参加した。

8. この報告書は提出時にトップシークレットとして指定されたため、この文書(ケーススタディ)には概要を記さない。報告書は主要問題を具体化することでワシントン側の関係者の懸案事項を解決し、その後の返還への道筋を導き出す効果を持った。

9. 以下は当時の省庁間地域グループ(IRG)琉球ワーキンググループのメンバーである。リチャード・スナイダー(議長、国務省)、モートン・H・ハルペリン(国際安全保障担当)、ジェームス・カーヴェンダー

大佐(統合参謀本部、米太平洋軍参謀本部第5部)、アルフレッド・ジェンキンス(ホワイトハウス)、リチャード・デイヴィス(CIA)、テディアス・ホルト(陸軍次官代理・国際問題担当)。

10．これは琉球における現状の機能を分析するものである。ベトナム戦争後の環境において行われる機能。例えば一部返還、完全返還などさまざまな状況での有事の際の機能。個々の場合におけるコストと質の低下。

11．この分析は注10の概要と同様のものを含む。

C. 現場の動き 一九六六〜六七年

一九六六年一二月、アレクシス・ジョンソン駐日大使とフェルディナンド・T・アンガー高等弁務官が、日本と琉球における復帰主義者の圧力の度合いと米国統治に対する地元の不満の悪化を回避する方策についてまとめた、半年ごとの報告書の第一回目が上級省庁間グループ(SIG)に提出された。

報告書は、復帰運動が高まる一方で、「極東における緊張」の終結を返還条件とする米国の「ミレニアム(二〇〇〇年)」政策ではなく、返還の可能性と時期をより具体的なものにすることで、当面の返還要求の圧力を抑える方が重要だと結論づけた。米国民政府(USCAR)は地元の感情を悪化させないように懸命にこっそりと事を進めているとも主張した。琉球の自治の拡大と沖縄人のアイデンティティを増大させることで、米国のプレゼンスに対する地元の苛立ちを最小限に抑える多くの措置をとってきたと報告した。

さらに高等弁務官は、年末までに大統領令の修正を提案して、琉球政府(GRI)の恩赦権と主席公選を許可しようと考えていると述べた。一九六七年一月、省庁間地域グループ(IRG)が報告書で提案した大使館と高等弁務官の共同実施計画が完成した。そこでは省庁間地域グループの提案を行動に移すため、共同ワーキンググループが設置された、と記されていた。この新しく組織されたワーキンググループのメンバーは、東京の大使館の政治、広報、経済の担当官や米国民政府の政治アドバイザー、高等弁務官の特別補佐官、広報部長、沖縄の連絡部署であった。

大使館と高等弁務官の共同報告は、省庁間地域グループの報告書に記述された現状といくつかの措置の見通しについても検討していた。特に言及していたのは、主席公選に関する大統領令を改正する準備の可能性であった。一九六八年一一月には立法院議員選挙、次いで主席の選挙が予定されていることから、改正問題は選挙前に決着するほうが望ましいと述べた。

二月二三日付のマックギファート陸軍次官宛ての手紙の中で、アンガー将軍(一九六六～六九、高等弁務官)は、一九六八年の立法院議員選挙の前に主席公選を実施するという省庁間地域グループの提案を前向きに捉えていると述べた。さらに一九六八年一一月の立法院議員選挙を見据えて、この年の早い時期に大統領令を改正することが最も政治的に有効であろうと提案に同意した。期限内に米国が地元の民主党(Democratic Party)と調整し、住民の要求に対する大きな譲歩をすれば、民主党は最大限の政治的利益をあげるであろうと考えていたのだった。

アンガー高等弁務官は、一九六七年二月二四日付の陸軍長官宛のメモランダム(覚書)で、琉球の基地の長期計画に関する考えを記した。アンガーは、省庁間グループの報告書にあるのは損得計算であり、日米両国が争うほど沖縄の基地は重要ではない、中国の台頭する力に対抗し、均衡を取るために必要なアジアの大国、日本における米国の長期的な利益の方がより重要である、と判断していた。極東担当省庁間地域グループ（FE-IRG）が琉球の施政権の全面、もしくは一部返還に関して調査と報告をすることに上級省庁間グループが同意したのは、そのような起こりうる事態に備える必要があったからだとアンガーは解釈した。アンガーとジョンソン大使は、省庁間地域グループの活動を補完するために、日本の協力を維持し、パートナーとしての原則に基づく対応に関する提案の検討を始めたところであった。提案には以下の項目が含まれた。

1. 日本の自衛隊との基地の共同使用。
2. 基地の安全保障に関わらない分野への日本政府の関与。
3. さまざまな企業への共同融資。

協力する分野を選定するのは、返還論者の圧力に対する安全弁、つまり一時的な抑制手段であり、米国統治の引き延ばしが目的であると、アンガーは記した。

太平洋地域における長期的な安全保障上の利益に関して、地域における中国の脅威が存在する限り、そして「地域の力の均衡」が達成されるまで、米国は地域の防衛を支援するため西太平洋に基地が必要である。琉球の基地はその必要条件を事実上満たしている、とアンガーは主張した。

さらに、米国は琉球に多額の投資をしており、今後どのような時点においても基地の撤去や後方への移転は戦略的優位性と多額の出費の損失となると指摘した。米国は日本の協力と琉球における経済拡大の継続によって、返還論者の圧力をはねのけて一九七〇年、おそらくはそれ以降も統治を続けられるのではないかと考えた。しかし代替地と最悪の場合の代案に関する綿密な検討にも取りかかるべきだと主張した。

アンガーは、必要に応じて、場合によっては現在沖縄にあるいくつかの施設を移転するために、米国の軍事基地拡張の要求に応えられるような場所を琉球諸島の他のところで探す時期にきている、と提案した。アンガーの提案は以下の通りであった。

1．現在沖縄にある基地、もしくは建設が予定される施設の代替地として琉球諸島の中の大型の島、特に石垣島や西表島の土木調査。
2．もし土木調査の結果、それらの地域が適切であった場合の米国の排他的長期借用権。
3．現在の基地施設の拡張のために必要となる追加の土地の買収と、干潟の干拓が必要となる可能性。

ハワイの司令官らはアンガーが提案する沖縄の施設移設に反対であった。一九六七年三月九日、ドワイト・ビーチ米太平洋陸軍司令官（ＣＩＮＣＵＳＡＲＰＡＣ）は、陸軍参謀総長のハロルド・キース・ジョンソン将軍に、移設問題に関する太平洋軍司令官（ＣＩＮＣＰＡＣ）と自分の見解を伝えた。ビーチ司令官は、琉球内での移設案は日本政府が目指すものとも一致しておらず、今後の太平洋地域における米国の前方基地の継続的必要に対する暫定的な解決にすらなっていない、と反論したのだった。沖縄の継続的使用の代替案として、グアムの使用を前提にすべきというのが太平洋軍司令官の見解だった。可能性を検証するため、太平洋軍司令部のチームが二月にグアムを訪れたと司令官は述べた(調査は、現在の必要性とベトナム戦争後の部隊展開、補給場所の開発計画と関係して行われた)。

次いでビーチ司令官は、地価の高騰がグアムの唯一の欠点であると指摘した。軍の管理下にあるグアムの土地はすべて海軍と空軍が所有しており、双方は米軍がベトナム、沖縄、フィリピンから撤退した場合に備えてグアム移転計画があった。それゆえ、グアムからおよそ一〇〇マイル(約一六〇km)の距離にあるサイパン、テニアン、ロタといった島々の軍事利用の可能性を探ることにはメリットがあると感じていた。

一九六七年四月一一日、太平洋軍司令部のシャープ提督は、陸軍長官宛のメモランダムで、グアムやマリアナ諸島の島々を考えるべきだとする自身の見解をあらためて主張した。将来返還が避けられなくなる琉球の施設に追加資金を投資するよりも、米国に帰属するマリアナ諸島での将来の基地開発をする方がはるかに好ましいと感じていたのだった。

沖縄の施設の移設をめぐる各軍の見解の不一致が明確になったことから[12]、陸軍参謀長のジョンソン将軍は沖縄の基地の再考察を求めた。

ジョンソンは、米国にとって琉球の無制限使用が最も望ましいが、強い政治的な力が働いていることから、代替地の選択を迫られるかもしれないと一九六七年六月六日のメモに記した。そして、統合参謀本部（JCS）が代替案を分析し、この問題に対する統合参謀本部としての見解を表明するよう提案した。彼はまた、今後の日本の姿勢が返還要求の圧力を高める方向に変わる可能性があると指摘した。

日本政府は、施政権の形態やどの程度権限を求めるか決定していなかったが、世論の要求の高まりを鎮めるためには何らかの形の返還はやむなしと考えていた。そこでジョンソンは統合参謀本部に返還の影響を評価して、四つの代替案を検討することを提案した。

1．一九六〇年の日米安全保障条約の枠組みの中の米軍基地の運用を継続し、琉球の基地に適用する。
2．フィリピンと同様の特別な基地権の下での米軍の作戦の継続。
3．米国の独占的管轄権の下で、沖縄や琉球諸島の他の島々に飛び石領土タイプの基地を確保。
4．西太平洋の中で制限を受けない地域への移転[13]。

一九六七年五月、復帰主義者の情勢を把握し、かれらの圧力を封じ込める施策を半年ごとに報告する大使館と高等弁務官の第二回目の文書が発表された。報告書では見直している期間中にも日本で沖縄返還を要求する圧力が著しく高まり、日本政府は、復帰を条件に米軍基地の必要条件を満たす方法を検討しており、おそらく日本政府は返還問題で先にイニシアティヴを取り、特別な基地協定と引き換えに、今後一～二年内の返還を提案してくるだろうと述べた。

また、沖縄で教育改革をめぐって基地反対派の左派政党と大衆運動が強く結びつき、復帰運動を高めている、と指摘した。

日本政府内では特別基地協定(安保条約の協議条項抜きによる適用)か、米国の司法権が一定の地域だけに及ぶ飛び石返還を提示する可能性を検討していると伝えた。三月下旬、総理府と外務省は、施政権の返還を求める際、主要な米軍基地以外の区域を米国が直接統治権を持つ飛び石返還に合意したと報告した。加えて外務省は司法権について一九六七年後半から一九六八年半ばにかけて、米国と合意を取りつける必要があると考えており、もし一九六八年中頃までにこの合意が取りつけられなければ、外務省は交渉を中断して一九七〇年の日米安全保障条約の改定以降に持ち越すことを考えているようだと報告した。

七月の下田武三大使とウィリアム・バンディ国務次官補、サミュエル・バーガー次官補代理の会談の席上、下田大使は世論の高まりは日本政府になんらかの返還協定を求めており、日本の考える代替案は飛び石協定か特別基地協定であると指摘した。下田は特別基地協定を支持し、佐藤総理も同様だと説明した。下田は一九七〇年以前に琉球の状況を変えなければならないと主張し、日本政府は九月中旬の三木外務大臣の訪米の際に、この問題に対する立場を明確にしたいと考えており、一一月の佐藤総理の訪米の間に最終結論がまとまるよう希望した。

12. 他の軍が沖縄の施設の拡大を継続する一方で、陸軍は西太平洋地域に代替地を探していた。

13. マックギファート陸軍次官は当初、代替地として琉球の他の島々を調査するというアンガー将軍の提案に同意していたが、一九六七年八月中旬にその同意を取り下げた。その後の考慮の末、アンガー将軍も追加の軍事施設を琉球諸島の他の島々につくるというのは適切でないと見解を修正した。

D. 日本が返還を迫る

一九六七年七月一四日、外務省は、日米両政府に沖縄と小笠原諸島の問題解決策を探るように促す琉球に関する覚書(an aide-mémoire)を東京の大使館に渡した。[14] 日本側の覚書は「日本国民が要求している沖縄の施政権の返還と沖縄が果たすべき軍事的役割の二つの要求を充たすことができるあらゆる方法」を求めていた。軍事基地を持続しながら、一方で、日本への施政権返還を可能にする方法を検討するとともに、琉球の自治権を向上させる暫定的な措置や、小笠原諸島と他の西太平洋の島々の早期返還合意を要請した。

ジョンソン大使が日本国内の状況分析をしていた一九六七年八月中旬、米国は、琉球や小笠原問題の解決に向けた明確な日本側の要求に直面していた。日本政府は迅速な協議開始を求めており、ジョンソンは、本土の米軍基地以上に大幅な行動の自由を与える特別な取り決めについて、日本は前向きに対応する準備ができているように感じていた。ジョンソンは、日本側は琉球の返還交渉を一九七〇年までに終わらせたいのだと感じた。

返還問題に何らかの進展を求める日本の圧力を受け、国務省と国防総省は、ホワイトハウスに日本側への公式の返答を要請しようと考えていた。

国務省の東アジア担当(EA)と国防次官補・国際安全保障担当(ASD/ISA)は、日本側の返還交渉開始の要請に対し、ラスク国務長官とマクナマラ国防長官が、ジョンソン大統領に好意的な返事をするよう求める行動メモランダム(行動覚書)の草案を作成した。しかしこのメモランダムは大統領に送らないほうがよいと判断された。政府内においてどのように返還問題について考えていたかは、その内容とコメントから明らかである。

東アジア担当のウィリアム・バンディは、メモランダムの中で、日本政府の提案の深刻さに注意を払うよう、ラスク長官に繰り返し警告した。バンディは、特にベトナムに関して基地の自由使用の確約と、アジアにおける日本の政治的・経済的役割の拡大を条件に、米国は交渉の用意があると日本に知らせるよう勧めた。合意に達する見通しは、その時点よりよくはならないだろうというのがバンディの主張だった(彼は一九六九年か一九七〇年まで返還はないと予測していた)。

バンディはラスク宛てのメモで、ホワイトハウスのスタッフであるウォルト・W・ロストウおよび政策計画評議会(Policy Planning Council)のヘンリー・オーエンと行動メモランダムに提案された見解を話し合い、二人とも提案に賛成したと述べた。しかし、議会担当次官補であるウィリアム・B・マコンバーは、現在議会がパナマ運河条約に反対していることを考えると、現時点で返還問題を持ち出すのには「深刻な不安」があり、パナマ運河条約の討議が終了するまで待つ方がよいと考えていた。さらにマコンバーは、復帰問題に関する議会の共同決議を求める必要があると勧めていた。バンディは、国際安全保障担当がマクナマラ国防長官の承認を得るために行動メモランダムを送付しようとしており、長官は米国が「適正な対価」を得られるのなら、返還に前向きであると自分は理解している、と記した。

またマクナマラは、バンディが記したように、政治的圧力により施政権を返還せざるをえなくなるときまで、米国は琉球と小笠原を保持するという統合参謀本部（JCS）の見解を受け取るまでは公の行動はしないと伝えていた。

八月一〇日、統合参謀本部の見解と提言に数カ所の修正を加える再検討を条件に、マクナマラはジョンソン大統領宛ての行動メモランダム草案を承認した。厳密に言えば、マクナマラは以下の条件について日本から事前のコミットメントを取り付ける方がいいと考えていたのだ。

1. 日本は米国が琉球を軍事目的のために使用することや太平洋地域へのコミットメントを果たすことを支援する。
2. 日本は、米国の琉球における通常兵器による軍事および他の活動を政治的に支援する新たな特別な取り決めに合意する。
3. 日本は今後数年間の間にアジアにおける政治的・経済的役割を拡大し、アジアの国々の発展に多大な経済的貢献を行う。
4. 米国は硫黄島を軍事基地として保有する。

行動メモランダム草案の最終版は、以下のように状況を説明した。

我々は琉球と小笠原の問題解決に向かおうとする日本の断固とした要請に直面している。日本は現在、小笠原と西太平洋諸島とそれに続く琉球の早期返還を視野に交渉開始を望んでいる。日本は琉球の軍事基地における特別な取り決めを準備していて、これにより我々は現在の日本本土における米軍基地以上に大幅な自由使用が与えられるであろう。しかし我々が必要とする最低限の軍事的必要条件に日本政府が合意し、特別取り決めが結べるかどうかは協議次第である。

さらにメモランダム(覚書)は返還問題の交渉を開始するか否か、そして必要となる事前のコミットメントの内容に関して大統領の決断を求めた。

次いでメモランダムは、返還問題の背景を説明し、日本側は、日米安全保障条約の条項に定められている日米どちらかが一年前の事前通知によって条約を破棄することができるようになる一九七〇年までに返還を求めていると述べた(日本側は沖縄返還問題と一九七〇年における日米安保条約の延長問題が同時に山場を迎えるのは望んでいない)。国務省と国防総省が分析した二つの主要な行動指針の骨子は、このようになっている。

（1）日本の要求を拒否する。（2）米国は日本側に（マクナマラ国務長官が強く主張したような）事前の確約が得られるなら交渉に入る、と伝える。

琉球諸島における現状を維持しようとすることで受け入れがたく不必要な危険を伴うことが考えられたため、行動メモランダムは以下の事柄を提案した。

1．大統領は二番目の行動メモランダムを承認する。

2．日本側が交渉中に琉球からの核兵器の撤去を強く求め、上記のその他のコミットメントに合意するならば、撤去を準備する。

3．もし現時点での琉球の返還交渉が不可能な場合は、日本側が硫黄島を米国が基地として保有することに合意するという前提で、大統領は小笠原とその他の西太平洋諸島の返還交渉を承認する。

4．大統領が上記事項を承認するならば、大統領は交渉前に国務省と国防総省に議会の主要なリーダーたちと協議する許可を与える。

さらにメモランダムは可能な代替案も検討していた。その中で、日米安保条約を琉球に適用することは、米軍が東南アジアや台湾防衛のため琉球から出撃する際、日本政府の同意が必要になるから適切ではないとして反対した。

メモランダムはさらに、特別取り決めを合意するのに核問題が大きな障害になりかねない、と指摘した。この問題を研究した国防総省は、米国の核兵器の兵器庫が太平洋の他の場所にあっても有事の際には十分に対応できる、必要とあれば本国からの迅速な再補給が可能であり、沖縄からすべての核兵器を撤去しても、米国の顕著な機能低下とはならないと、マクナマラ国務長官が結論に至ったと記述した。よって日本が核兵器の撤去を主張した場合、米国は撤去準備をするべきである。早期に返還交渉に入ることが米国にとって有利であり、これ以上交渉開始を遅らせても有利にはならない、と主張した。アジアにおいて、より一層の責任を持つよう求められていた日本にとって、返還は広範囲の役割を担う強い誘因となるであろう。小笠原諸島に関しては琉球と「パッケージ」で返還する提案もあった。小笠原諸島は行政協定によって返還できるが、議会の反対が予想され、もし日本が上記のことを確約すれば、返還に十分な議会の支持が得られるだろうと記されていた。

このメモランダムに関してジョンソン大使はいくつか提案し、その多くは草案に取り入れられたが、バンディ次官補は大使のコメントに対して、二点問題があると指摘した。具体的には日本がアジアにおいて役割と経済的貢献を拡大していく前に、ジョンソンが日本に対してコミットメントを求めようとしていない点であった。琉球を返還する見返りとして、日本に対して、いっそう政治的・経済的な役割を果たすようどのように交渉するのか、メモランダムの中には具体的に述べられていなかった。それは、大使は返還の代償として日本に事前のコミットメントを求めると、逆効果を招くと感じていたのだった。

一方でバンディはそれに対し、日本がアジアでの負担を負っていないという批判に対して、返還によって日本がアジアにおける役割を拡大するようになる、という考えは「政治的にプラス」になると主張した。ジョンソンは、米国が小笠原諸島の返還と琉球の返還を結びつけたくないと考えていた。そのため、小笠原や西太平洋の島々の返還は、琉球に関する動きとは無関係に承認していくよう勧めたのだった。バンディは、小笠原返還から有利な交渉を引き出すためにも、小笠原諸島と琉球の返還は結びつけるべきだとジョンソンに反論した。小笠原諸島の返還に積極的に取り組めば、日本はこれを琉球の返還へのコミットメントだと考えるであろう。だが琉球の返還をうまく解決できないのであれば、バンディは琉球の返還交渉の時間を稼ぐために小笠原を「パッケージ」から外す覚悟があった。

ジョンソン大使は九月一日、沖縄返還をめぐる世論は「新しい段階の広がりを見せている」として日本の状況をより危機的に表現した。大使は、野党といくつかの大手新聞が日本政府に核兵器の全面禁止と事前協議なしで自由に軍事作戦を実行させないとの条件で、米国に即時返還を求めよという主張を強めている、と述べた。ジョンソンは現時点で反対派やメディアが世論形成に取り組んでおり、主な論点は、核兵器に対する反対だと感じていた。さらにジョンソンは、核問題についての佐藤総理の姿勢はますます曖昧になっており、米国に返還問題を前進させるように要求してくるかどうか見当がつかなかった。

一九六七年半ばになると、施政権の日本返還そのものではなく、いつどのような条件の下での返還なのかが、沖縄に関する主たる論点になった。この視点は、沖縄返還を協議する八月二八日の上級省庁間グループの会議に反映された。財務省のジョセフ・バー次官は、財務的立場から日本からの支援によって米国は軍事費の赤字を含む国際収支の不均衡を軽減する必要があると、米国は交渉において有利な立場にあり、日本に対して強い態度で臨むべきだと主張した。もし米国が返還の見返り(quid pro quo)を要求する準備ができていないのであれば、もっと都合がよい時期が来るまで返還を延期するべきだろうと考えていた。ポール・ニッチェ国防副長官は、バーのコメントに対し、日本はアジアにおける地域的責任を受け入れる必要性に直面するべきだと述べた。そこでバーは、返還問題の議論は米国の「あらゆる手段」が整うまで引き延ばすべきであり、米国は財政の側面も含めてすべてのレベルにおいて問題の完全決着を図るべきだと提案した。

ジョンソン大将は、米国は日本に対し強い姿勢で臨む立場にあり、日本の要求に安易に応じるべきではないと考えていた。もし米国が返還をうまく操れば、日本はより高いレベルの防衛貢献に同意するであろうと主張した。その意見に対してカッツェンバック国務次官が、米国は返還問題において強硬な取引を進めることができる強い立場にあるが、二～三年後には政治的圧力によって交渉能力を現段階より弱めてしまうかもしれない、と注意を促した。つまりカッツェンバックは、返還問題の迅速な進捗を主張していたのだ。そこでタイミングの問題が持ち上がった。琉球では一九六八年に選挙が予定されており、一方、日本本土でも九七〇年に選挙が行われるかもしれないという点が注目された。もし返還に向けて具体的に進展しなければ、日本では野党が政権を握るかもしれず、交渉に限って言えば、米国の「利権は減少」し、（米国の）選挙の年である一九六八年は交渉にとってよい年ではなさそうだと、カッツェンバックは考えていた。

14．これが日本政府が米国に返還問題の検討を促した最初の公式要請と説明しているが、日本政府は一九六五年には公然とこの問題の解決を強く求めていた。一月の佐藤総理の訪米中に取り上げられ、会談後に発表された声明には返還問題を以下のように記している。「これらの諸島（琉球と小笠原）の施政権ができるだけ早い機会に日本へ返還されるようにとの願望を表明した」。佐藤総理は一九六五年八月の沖縄訪問中に再度この問題を取り上げて、「沖縄が祖国復帰をしない限り、戦後は終わらない」と演説した。

E．一九六七年九月、三木の訪米

一方、外務省では三木武夫訪米の準備が進んでいた。ジョンソン大統領が三木訪米に関連して、米国は日本から何を得たいかと、ラスク国務長官とマクナマラ国防長官の見解を求めた。ラスクは日本に対し、地域における政治的・経済的に応分な負担を負ってほしいと大統領に伝えた。国務省は日本に対して自国の防衛以外の軍事的役割の増強は望んでおらず、日本は、米国がアジアで軍事的、安全保障上のコミットメントを効果的に果たせるように貢献すべきだ、と述べた。これは特に琉球や小笠原諸島の問題の解決に関して言えることであった。そこでラスクは予定されている三木との会談において、以下を米国の立場とすると提案した。

1．琉球と小笠原諸島に関する「聞き取り調査書（listening brief）」から、より決定的な一一月の佐藤総理との会談に向けた方向性をオープンにする。しかし、沖縄と日本との生活水準の格差を是正するための過渡的措置を示し、そうすることが一九六八年の琉球の選挙と日本の世論に関連する米国の困難を緩和することになる、と日本側に指摘する。

2．アジアの安全保障と経済発展の両面における米国の負担の重さを詳しく説明する。

3．地域におけるリーダーシップと経済支援の財政負担、米国の国際収支の不均衡を分担するよう日本に圧力をかける。

ラスクは日本に求める主要な目的をより具体的に以下のように記載した。

- 重要なベトナム問題への支援。
- ベトナム政府への一層の経済援助の継続と責任ある対応。
- 核不拡散条約の順守。
- アジア開発銀行の特別資金を含む、主要な東アジアの経済開発計画に沿った貢献。
- ベトナム戦争中に、米国の軍事関連支出が日本において増加したことに一部起因する、二国間国際収支赤字の大幅な削減。

ラスクは、共産主義中国や周辺諸国の内政不安定から来る脅威に対して、米国は基本的に日本に一層「成熟した責任ある」姿勢を求めている、と説明した。アジアにおける米国のコミットメントに関して、議会と米国民の支持を持続的に得るためには、日本が地域の安全保障と安定から得ている利益に見合った責任を負うかどうかにかかっていることを日本に理解させるべきである、とラスクは主張した。

マクナマラはジョンソン大統領への返信のなかで、訪米中に三木が返還問題に関して行うであろう提案に米国は耳を傾け、そして三木に対し、事は返還という狭い問題よりはるかに大きいと説明するべきだと強調した。根本的な問題は返還をするかどうかではなく、議会と米国民が以下のことを支持するかどうかだとした。

1. マクナマラの言葉を引用すれば「片務的」な日米安保条約の一九七〇年以降の延長。
2. 日本の防衛のために琉球の米軍基地を保持すること。
3. 日本防衛のために太平洋地域に核兵器を貯蔵すること。

マクナマラは大統領に、日本のメーカーと同じ条件で軍事装備を競争販売することを日本政府が許可するよう、三木に提案することを勧めた。そこに現在、日本政府が米国から購入している軍事装備品費を年間六〇〇〇万ドルから二億ドルへと増加させる狙いがあった。つまり、マクナマラは以下のことに基づいて日本へ対応すべきだと主張した。西太平洋における米軍基地は米国防衛のためであるのと同様に日本防衛のためでもある。そして日本が「地域の安全保障に対して非常に重い政治的・経済的コスト」を分担する方向に徐々に動かない限り、米国は基地の維持が不可能となる。

駐日大使と沖縄の高等弁務官に向けた九月六日の国務省と国防総省の共同メッセージには、米国が三木訪米に向けて計画している米国側の立場が明確に記された。米国は琉球や小笠原諸島返還に関する問題には聞き役に徹し、格差を減らすために可能である暫定措置について意欲的に協議することで、日本と琉球で米国が直面している問題を改善する。さらに米国の施政権の保有を侵害しない限り、日本がいかなる具体的な暫定的方策を提案したとしても米国は前向きな姿勢で対処するとした。

九月中旬、三木外務大臣とラスク国務長官や日米の官僚たちはワシントンで顔を合わせた。三木は会談で、日本国内では返還問題の進展に向けた期待が大きく盛り上がっていて、もし進展しなければ非常に難しい事態になると述べた。さらに問題の進展がなければ、佐藤政権の政治的生命の危機となるかもしれない、と強調した。これに対しラスク国務長官は、米国は返還を見込んで用意した手順でいかなる提案にも対応できると応じた。しかし、来るべき大統領選とベトナムの状況に対する議会の態度というものがあるため、早くても一九六九年の前には沖縄の問題に対してどのような回答も出すことができないと説明した。米国は返還の基本方針に賛成しているのだが、一九六九年以前にそのタイミングや返還の決定条件を出せる状況にはない、という意味であった。ラスクは、三木に即時の返還は「不可能だ」と伝えた。三木は沖縄の基地の核は絶対条件なのかどうか、と問いただし、ラスクはそれに対して絶対条件であると答えた。結論として、問題は一一月の佐藤訪米に持ち越されることになった。

F．一九六七年一一月、佐藤の訪米

国務省は佐藤訪米にむけた準備として、予測される問題を検討していた。国務省は以下の事柄を日本政府が了承するという前提で、琉球の返還交渉に入る準備ができていた。

1．現在のすべての米軍基地施設と必要に応じて他の地域も使用することに対する同意。
2．琉球の即時返還への圧力を排除するため効果的に対処するという確約。
3．現状の米軍施設の維持と増設への支援と、その地域で対潜水艦作戦（ＡＳＷ）やその他の防衛作戦が必要となった場合、随時日本政府が責任を担うことへの同意。

国務省はその時点において、何ら返還問題に対する特別なコミットメントを準備していなかった。当時の日本政府の「暫定措置」という提案は、米国に具体案を表明させようと迫っていると国務省は感じていた。前述したように、ラスクは返還交渉に入るという意欲を見せることで、小笠原返還と合わせて琉球の問題を扱いやすくする素地を作るだろう、と報告していた。

一一月一〇日、ラスクは佐藤訪米の際に持ち出されると予想される問題について、ジョンソン大統領に情報を提供した。ラスクは佐藤総理が小笠原諸島の早期返還を幾度なく求めるだろう、そのとき米国の安全保障上のコミットメントを満たすために、日本が沖縄の米軍基地の効果的な使用を保証できれば、沖縄の返還を実現できるとする一般的合意を交換条件として言い出すだろうと、(覚書の中で)大統領に伝えていた。佐藤は沖縄の即時返還は求めないであろうが、世論が満足のいく進展を希望するであろう。佐藤は沖縄の問題を一九七〇年までに解決し、日米安全保障条約が審議される時に琉球問題がピークに達するのを避けたいと望んでいると、ラスクは考えていた。

ラスクはジョンソン大統領に、佐藤に以下のことを伝えてはどうかと提案した。

1. 米国は小笠原諸島の返還を準備しているが、返還交渉の間は有事の際の核の貯蔵ができる権利の留保を希望している。

2. 現時点で米国はベトナム戦争の最中にあり、共産主義中国への抑止として重要な基地である琉球の返還に関して、いかなるコミットメントも提示できない。しかし米国は佐藤の国内世論の問題を解決するために、この枠組みの中で、協定や文言の準備を検討している。

3. 米国は琉球の現状を定期的に再検討する準備をしているが、今後のいかなる問題に対する解決にも日本の誓約が必要になる。それには、米国が日本に対する安全保障上のコミットメントを果たすために必要な核の貯蔵を含む有効な手段を日本が確約してくれなければならない。

佐藤の訪米に関してラスクの提案とともに、国務省(太平洋担当・EA)もまた、大統領のために背景を説明する報告書を準備していた。一九六七年一一月八日付で返還問題に関して準備された国務省の報告書は、小笠原諸島返還を完了する取り決めの交渉に入る合意に加え、以下の事柄を開始するよう提案した。

1. 両国の安全保障の利益に基づく、返還への新たな公式声明への同意。
2. 日本本土と琉球の住民の返還への要望と東アジア地域の安全保障を維持強化する必要性を踏まえ、定期的に日本とともに琉球の状況を見直す合意。
3. 米国の琉球管轄権を害することなく、今後は琉球の住民を日本人と同一に扱い、社会的福祉を向上させる琉球暫定措置への合意。

- 米国、日本、琉球政府(GRI)の代表で構成する高等弁務官の諮問委員会を設立する。委員会は沖縄と日本の障害を取り除き、日本に施政権が返還された場合に起こるかもしれない問題を最小限にとどめる提案をする。
- 日本政府の連絡事務所の役割を強化し、高等弁務官と幅広い協議を行えるようにする。

佐藤総理は訪米中、ジョンソン大統領とラスク長官両者と協議を行った。一一月一五日のラスク長官との会談では、琉球の問題が話し合われた。ラスクは佐藤に対し、米国は「微妙な状況」にある、と話した。ラスクによると、ベトナムで米国の立場を弱めることは何でも議会や世論に悪意をもって受け取られる。共産主義中国の核兵器によって日本、韓国などの国々に対する米国の安全保障のコミットメントは新たな局面を迎えており、さらに一九六八年には大統領選挙があるため、大統領が何か約束するには憲法上の制約があり、ジョンソンが再選すると仮定しても、選挙の日程以降の確約をすることは、他の候補者からの批判の元となるかもしれないとラスクは伝えた。佐藤はこれらの問題を認識はしていたが、それでもなお返還問題へのなんらかの進展を望んだ。今度はラスクが佐藤に、特定の法律が関わるかどうかは関係なく、議会のリーダーたちの支持を受けた行動が必要なのだと強調した。そして現在の議会は琉球の即時返還に向けた劇的な動きはするべきではないという雰囲気だと述べた。

佐藤―ジョンソン会談後、一一月一五日には共同声明が出され、直ちに小笠原返還交渉を開始すると発表された。返還に伴って日米安保条約が小笠原にも拡大適用されることになった。しかし琉球に関して、返還の要素となる極東における安全保障については何も言及がなかった。どちらかと言えば、佐藤総理の側が、「両三年以内に」返還を合意すべきだと主張した[15]。両政府は琉球の立場を「共同で見直しを継続」し、「日本に施政権を返還する方向に向かう」と合意した。高等弁務官の諮問機関を設立し、今後は琉球の住民を日本本土の人々と同一視することで「日本への施政権返還から生じる問題」を最小限にとどめることにも同意した。

15.「二～三年の間に(in a few years)」という文言は日本において混乱を招いた。なぜならば声明の日本語版では文字通りに読むと、「両三年以内に」となっていたからである。

G．一九六八年——返還の一時中断

ニクソンが就任するまで、返還の基本政策決定に変化はなかった。一九六七年の共同声明で発表されたジョンソン政権の措置は、多少なりとも日本をなだめたようで、一九六八年は返還問題は比較的平穏な状態が続いていた。一九六八年八月、ジョンソン大使は返還問題には基本的に大きな動きはなさそうだと報告した。また来るべき秋の選挙戦に向けて、沖縄の保守派を強く支持してきた日本の保守派との間に返還問題には「一時休止」のような効果を生み出していると述べた。

一九六七年の大半と同じように、一九六八年は、沖縄問題に関わる米国政府内の上級の文官と軍の高官は頻繁に非公式に接触していた。特にジョンソン大使、マケイン司令長官、そして統合参謀本部のメンバーは非公式に、個人的に頻繁に接触を続けていた。このような接触によって高官自身が、返還問題になんらかの合意を導きだす手助けとなったことは注目に値する。

しかし一九六八年の米国政府内には、沖縄政策において記しておかなければならない一つの意見の相違があった。争点となったのはB-52の配備である。

一九六九年一月二三日、北朝鮮による米艦船プエブロの拿捕に対して、二月五日にB-52が初めて沖縄に配備された[16]。二月一日、国防長官はネブラスカ州のオマハから嘉手納空軍基地にB-52、一五機の配備を許可した。

そのほぼ直後の二月一〇日、琉球立法院はB-52の即時撤退を求める決議を可決した。B-52の沖縄配備は激しい抗議行動を引き起こし、一九六八年から一九六九年にわたって反米運動は日本本土と沖縄で議論の的となった。

政治的影響にもかかわらず、統合参謀本部(JCS)が二月には嘉手納空軍基地をベトナムへのB-52の出撃基地として許可し、B-52の任務を拡大した。一九六八年初頭に出撃が増加すると、嘉手納基地の重要性がさらに重視された。四月初旬にはベトナムの状況悪化に伴い、ニッチェ国防副長官はB-52の出撃数を月あたり一二〇〇から一八〇〇へ増やすことを許可し、そのうちおよそ四〇〇が嘉手納基地からの出撃だった[17]。

沖縄で嘉手納基地の継続使用に対する反対が高まると、米政府の官僚数人がB-52の撤去を強く求め始めた。その一人、マックギファート陸軍次官はもしB-52が駐留を続けた場合、長期的な沖縄の統治のなかで米国はなんらかの代償を払わなければならないのではないかと心配していた[18]。ニッチェ国防副長官もまた、嘉手納基地の継続使用によって引き起こされる深刻な政治的な結果を認識しており、一九六八年四月と六月に統合参謀本部に出撃を減らし、B-52の作戦をグアムとタイだけに制限することが可能であるかどうか要請した。統合参謀本部は月に一八〇〇回の任務と嘉手納基地の継続使用を勧告していた。

嘉手納基地の継続使用について統合参謀本部は以下の項目に関して反論した[19]。

1．B－52はプエブロ危機に対応するために沖縄に配備され、この問題はいまだ満足のいく解決をみていない。
2．日本の政治的圧力による撤去は、今後常に米国の行動が制限を受ける、という結果を招く可能性がある。
3．嘉手納基地の継続使用は日本本土と沖縄における保守派と米国の信用を損ねるという政治的事情よりも軍事的配慮が優先される。
4．沖縄からのB－52出撃はグアムより安価である。
5．グアムからの飛行時間が長くなることは作戦の柔軟性を低下させる。
6．沖縄の基地は西太平洋地域において他にはない緊急即応能力の提供が可能。

統合参謀本部はもしタイのウタパオ(U-Tapao)の基地が拡大されれば、沖縄を使用せず月の出撃数を一八〇〇に抑えることが可能である、と述べた。しかし米国の政策を支えるには嘉手納基地の継続使用は必要であると考えた。

B－52の駐留反対勢力は一九六八年一一月に沖縄で実施される選挙に爆撃機が及ぼす影響に注目していた。省庁間地域グループはこの問題を調査し、「来るべき琉球の選挙に関する米国の政策」と題する文書（一九六八年七月に上級省庁間グループに了承された）を取りまとめ、とりわけ沖縄自民党（ＯＬＤＰ）の候補者は米国にとって「非常に重要」であり、沖縄自民党の選挙の見通しにＢ‐52が悪影響を与えるのであれば、軍の状況次第では一時的に撤去するべきだと結論づけた。[20]統合参謀本部はＢ‐52の撤去の提案には同意せず、一九六八年一二月中に月一八〇〇という出撃数と嘉手納基地の継続使用を求めた。

一九六八年半ばまで国務省、陸軍省、そしてアンガー高等弁務官は、一一月の選挙の間、一時的にせよＢ‐52の撤去に賛成していた。しかし統合参謀本部の見解は選挙のために撤去することに同意せず、最終的に一九七〇年秋までに配備廃止もしなかった。主席選挙（沖縄自民党の候補者は落選し、野党の候補者の屋良朝苗が当選した）においてＢ‐52がどれだけ重要な要因になったかは、この文書の範囲を越える。そのような政策が日米関係や沖縄における米軍の駐留継続に影響を与えるかもしれないにもかかわらず、ベトナム戦争での任務が優先されるＢ‐52の問題や統合参謀本部の見解が、ほぼ二年間支持されたという事実は記録に値する。

16．それ以前は、台風がグアムに接近し、基地を閉鎖しなければならないときだけ、Ｂ‐52は嘉手納空軍基地を避難場所として使用していた。

17．一九六六年と一九六七年の出撃数は月に四〇〇から六〇〇、そして八〇〇へと増加した。一九六七年一一月には一二〇〇まで上がった。

18. 一九六八年四月一五日付、国防副次官へのメモランダム。秘密指定。

19. 一九六八年七月一日付、統合参謀本部から国防長官へのメモランダム。秘密指定。

20. 報告書の言葉によると、「……もし軍事的状況が許すなら、当時選挙を前に十分に余裕をもってB-52を撤去することが選挙に及ぼす影響を減らし、そして新たな軍事作戦が国民の間で懸念をもたらすのを回避するだろう……」とある。

第3章

決定の年　一九六九年

解説

ケーススタディの中軸部分である「沖縄返還決定」の年とされている「一九六九年」は、ニクソン政権がジョンソン政権の後継として正式に発足した年である、「〝両三年以内〟に返還の時期を決める」という、ジョンソン政権と日本側との基本合意を受けたニクソンに、沖縄返還を最終的に決断させた二つの大きな事件が、この前年の一九六八年に起こった。

第一は、初の琉球政府主席の公選で、革新系の屋良朝苗が米国民政府の推す西銘順治を破って当選したこと。第二は、嘉手納米空軍基地でB-52爆撃機が大爆発を起こし炎上したことであった。かくして、沖縄では十万人規模のゼネストが計画されるなど、きわめて険悪な情勢となった。

こうした情勢を背景に、ニクソン政権は最終的に沖縄の施政権返還へ踏み切ったのである。ただし、それは屋良主席が主張する反安保―反基地―即時返還に対応するものではなく、ケーススタディにもあるように、日米安保に基づく在日米軍(本土及び沖縄)の半永久的な駐留をめざして日本をうまく懐柔しようとするものであった。

米側は、まず、六九年の「メモランダム5号」で、返還にあたって獲得しようとする目標の選択肢を列挙し、ついで、同年五月二八日に、「メモランダム13号」を作成して、交渉方針を具体的に決定した。もともと、米側には決定的に有利な点があった。それは、日本側が一九七二年までにはどうしても返還を実現しなければならないとして、自ら交渉に期限をつけてしまっていたからだ。佐藤内閣にとって、沖縄返還は唯一の〝偉業〟であり、任期が事実上終了する七二年(自民党総裁四期目の終了)までには、なんとしてでも実現しなければならない至上の国策であった。調印、批准などを考えれば、おそくとも一九七〇年中にはすべてが実質妥結していなければならない。交渉が本格的に始まったのが六九年の後半であるから、もはやそれほど時間はなかったのである。

米側が「13号」において、「一九六九年中に在日米軍の基地使用にかかわる重要な点について合意し、返還までに詳細にわたって交渉が妥結することを前提に一九七二年の返還に同意する」ことを提起したのは、まさに、日本側の事情による「期限付き交渉」のうまみを最大限に生かそうとしたからにほかならない。この点で、すでに沖縄返還交渉の〝勝負〟はついていたのである。

交渉において、米側は、この日本側の負い目を衝いて、自らがめざすものをすべて獲得していった。もしこの交渉が、佐藤内閣の単なる〝偉業〟のためではなく、将来の日本のあり方をじっくりと見据えたものであったなら、その結果は、かなり違ったものになっていたかもしれない。交渉によって、日本側は後年多くの負担を強いられ、それは冷戦終結後の今日の日本の国家の態様にも決定的な制約をもたらしている。在日米軍基地、とくに、その使用のあり方、そして沖縄の基地問題(日米地位協定の問題を含む)、「思いやり予算」あるいは在日米軍の移転にともなう膨大な臨時支出など、その制約は数えれば切りがない。

沖縄返還交渉における米側の最優先目標、すなわち「13号」中のトップの課題は、在日米軍の

〝自由使用〟であった。朝鮮半島への自由出撃は一九六〇年安保の岸—ハーター交換公文にまつわる〝密約〟によって一応、保障されていたが、その他地域への出動は「事前協議」の対象となっていた。米側が重視する台湾海峡、あるいはベトナム(当時米国の戦争相手国)などについては、それらが、かつて日本が併合したり占領していた地域であったので、日本の立場は米国とは大いに異なり、きわめて微妙なものがあり、このことは、当時、愛知揆一外相が国会でも指摘していた。しかし、米側、とくに米国防総省や上院の指導者たちは、在日米軍の自由使用が完全に保障されることが約束されない限り、沖縄の返還に同意すべきではないと主張し続けていた。

同時に、沖縄返還にあたっては、核兵器の撤去という、日本側にとっては不可欠の課題があった。佐藤首相は内閣の人気を高めるため、米国の核によりかかりながら、一方では、国内向けに「非核三原則」を打ち出した。後に、「非核なんてナンセンスだ」という内々の発言がもれたこともあって、ノーベル平和賞関係者に「佐藤に平和賞を与えたのは大間違いだった」といわせたことがあるが、それでも表向きは、返還にあたっての非核——核兵器の撤去——は、絶対に勝ちとらねばならない命題であった。

米側は、この日本の追いつめられた立場を巧みに利用した。つまり、核兵器の撤去問題を大統領の決裁マターとして、交渉途上においては一切、持ち出さず、最後まで引き延ばす作戦に出た。その間に、米側の最も重要な利益であった米軍の自由使用を最大限、勝ちとろうとしたのである。ケーススタディにも、そのような米側の狙いが随所に見てとれる。「13号」にもあるように、沖縄からの核撤去はすでに内定ずみで、緊急時においてのみ持ち込むというのが米側の方針だった。

しかし、この方針を伏せておいて、核兵器の重要性をちらつかせていけば、日本側は、非核という至上の命題を達成するため他の重要な問題、とくに米軍基地の自由使用の面で、かなり譲歩してくるのではないかというのが米側の〝読み〟であった。

事態は、まさにその〝読み〟通りに進行する。核の問題が大統領だけの決裁事項であったように、日本側にとってもまたそれは、佐藤首相の専管的なテーマであった。その陰で暗躍したのが、若泉敬である。彼は、政治思想の面で共鳴することの多かった当時の福田赳夫自民党幹事長の推挙により、佐藤首相の密使となった。相手方は米大統領補佐官のキッシンジャーだった。核問題に関する限り、日本の外務省はまったくタッチしていなかったのである。こうしたやり方は、現代の外交上、想像だにできないことである。

若泉は、核問題の打開こそが、沖縄返還にとってのトップの議題であると信じて、全力を傾注した。佐藤―ニクソン共同声明の中の、〝核撤去〟に関する項目の中で「緊急時における核持ち込み」という密約を結んだことにつき、若泉は「他策ナカリシヲ信ゼムト欲ス」(『他策ナカリシヲ信ゼムト欲ス　核密約の真実』文藝春秋、一九九四年)と訴えたが、肝心の「メモランダム13号」については、なんらの知識も持ち合わせていなかった。断腸の思いでしぼり出したとばかり思い込んでいた「密約」の内容は、すでに、米側が交渉に入る前から決めていた(「13号」)ことであり、ただ米軍基地の自由使用を最大限、獲得するための切り札として、途中、隠されていただけの話だった。

後に、米側の情報開示により、はじめてその事実を知った彼のショックは大きかった。

若泉が一九九四年に沖縄の戦没者慰霊式に参拝し、その後九六年に自殺したことについて、一説には、復帰後二〇年以上もたっているのに、沖縄の米軍基地がほとんど削減されていないことへの憂慮の念からだともいわれた。しかし、それだけではあるまい。自らが米側の思惑通りに利用され、踊らされていたことへの憤りと自責の念が、彼を死に追いやったとも言えるのではないか。私には、そう思えるのである。

結局、作戦勝ちで、米側は「自由使用」の問題を目標通り、解決した。この問題は、佐藤—ニクソン共同声明では、ストレートな形で表現されなかったが、声明発表にともなう記者会見で、佐藤首相は、韓国、台湾、ベトナムなど米側が重視する東アジア全域に及ぶ地域への米軍の自由使用を事実上認める旨、詳細に説明した。これにより、六〇年安保時の「朝鮮議事録」なる密約も結果的に廃棄され、さらに、その後一九九七年の日米防衛協力のための指針(ガイドライン)、周辺事態法などをへて、いまでは、日本政府の全面的支持により、米軍基地は、実質完全に自由使用の状態となっている。いわゆる米軍の直接戦闘作戦行動と間接戦闘作戦行動の区別は、実際上、ほとんど困難である。在日米軍のイラクあるいは、アフガニスタンへの出動がまったく自由に行われてきたことなどが、米軍基地の使用状態がいまどのようになっているかを何よりも雄弁に物語っている。

六〇年の日米安保は、大きく変質し、在日米軍は、日本および極東の平和と安全のためにのみあるのではなく、米国防総省の全世界的な軍事戦略に基づいて行動するために駐留する軍隊へと完全に変質した。周辺事態法は、米軍の出動と作戦行動を自衛隊が後方支援するとまで規定し、横田の航空自衛隊、座間の陸上自衛隊（中央即応集団＝二〇一八年陸上総隊創設に伴い廃止）のように日米の指揮系統が一体化していることからみても、すでに、日米軍事共同体と呼ばれるべきものが、実質的にできあがっているとも言える。これもすべて、沖縄返還からスタートを切ったのである。

交渉のやり方が異常であったのは、なにも軍事上の問題にかぎらなかった。ケーススタディが〝最も困難な交渉〟と銘打った財政問題もまた、しかりであった。日本側はこの問題は、すべて大蔵省（現・財務省）が担当するので、米側も国務省ではなく財務省に担当してほしいと要請した。日本の場合、外務省が窓口となって大蔵省と協議するのが通常のやり方なので、これには米側も驚いた。ケーススタディは、この日本側からの申し入れにつき、「……真実が何であったかはよくわからない」としながらも、「福田蔵相が実質的な政治的優越（アドバンテージ）を独占するという動機があったのかもしれない。その政治的優越は、沖縄返還交渉を成功させることによって佐藤首相が得るものであるが、……大蔵省（筆者注―福田蔵相）も、財政問題の交渉を外務省から切り離して専管事項とすることで、利益が一致する」と推測している。

この推測はあたっている。沖縄返還交渉が大詰めの段階に入っていく中、日本政界は、次第にポスト・佐藤に向けての権力闘争が熱を帯びはじめた。その先頭を争っていたのが佐藤派の最高幹部、田中角栄と佐藤派の別動隊の頭領であった福田赳夫である。一九六七年、福田が若泉を佐藤に推薦するなど、沖縄問題に積極的に関与し始めたのは、当時、三木外相が返還交渉を本格軌道に乗せるのに〝失敗した〟ので、これをもっけの幸いとばかり、ポスト・佐藤の候補とされていた三木を追い落とすべく立ち上がったためだというのが若泉の見方である。

しかし、実際はそうではなかった。福田の本当の狙いは、佐藤が、同派の〝共同経営者〟(筆者注―親友の大平の対田中評)にまでのし上がっていた若い田中を後継から外して、福田に事実上、禅譲するように仕向けるための工作の一環であった。核の問題は推薦した若泉にまかせ、〝最も困難な交渉〟とされた財政問題は自らの指揮下に置いてすべて解決することにより、佐藤の心証をたぐり寄せようというのが福田の思惑であった。その後、福田のとった行動は、まさに異常としか言いようのないほどにせっぱつまったものだった。財政問題において多くの密約が生まれたのも、そうした国内の政情が一役買ったといえないこともない。

こうして、財政問題は、柏木雄介大蔵省財務官とアンソニー・J・ジューリック財務省特別補佐官による交渉となり、本来、窓口となるはずの外務省は完全にオミットされたのである。外務省が財政問題にようやく関わるようになったのは、大蔵省が独自にまとめた交渉結果を協定化する最終段階に入ってからのことで、大蔵省が一方的に決めたことを外務省に押しつけてくるやりかたに、交渉実務の最高責任者であった吉野文六アメリカ局長などは、不快の念をあらわにしたといわれている(筆者注―吉野談)。福田は、柏木を直接指揮し、交渉結果を逐一、佐藤に報告した。交渉の実態をすべて知っていたのは、佐藤、福田、柏木と保利茂官房長官の四人に過ぎず、愛知外相は、自らの担当分野以外は、間接的にしか教えてもらえなかった。一方、米側のジューリックは、財務省の補佐官とはいえ、駐日米国大使館のアーミン・マイヤー大使の下に配属され、国務省と一体となって、ことに当たった。

財政問題、すなわち対米支払いについては、日本側が当初、国会対策上、米国の在沖縄の公共施設の譲渡や対沖縄援助などを積み上げて、はじき出す「積算方式」の採用を要求したのに対し、米側は、〝つかみ金〟による一括解決を主張して対立した。米側は交渉に入るにあたって、つぎのような三原則を決めていた。

①二七年間にわたる米国の沖縄統治の間に投じた七億ドルを一挙に回収する。
②返還後は、米軍施設の移転や改修などの新分野にまで日本の負担をひろげること。
③返還にあたって、ドルの支出には、一切、応じないこと。

これら三原則を達成することは、日本側提案の積算方式によってはとうてい不可能である。つまり、どんなに積算しても米側が望む金額には届かないのである。だから、米側は、つかみ金(lump sum)方式を絶対に譲らなかった。対米支払いにつき、ケーススタディで六億ドルとか六億五〇〇〇万ドルといった総額しか出てこないのは、そのためである。米側からみれば、総額こそが重要なのであって、その額にどのような内容を盛り込むかとか、日本側の望む積算方式にどのように偽装するかなどについては、ほとんど関心がなかった。そうした中身の問題は、日本側が勝手に決めればいいのであって、米側はそれには一切口出しするつもりはなかったのである。

結局、日本側は、つかみ金方式を受け入れ、その上で、日、米双方の国内事情への対応の仕方がまったく異なっていたことにより、多くの密約が生み落とされる結果となった。

問題は、つかみ金の総額である。米側は、先述の七億ドル回収の観点から、最低でも六億ドル、できれば、七億ドルに近い額を要求した。交渉は、難航の末、日本側が、つかみ金として四億ドル、それに、円、ドル交換にともなう米側の赤字解消策として一定額のドルをニューヨーク連銀に二五年間、無利子で預金するという案を出したことにより急進展する。そして、同案を基礎に、柏木―ジューリック秘密合意ができあがったのである。

この合意の総額は、円、ドル交換後の預金、一億一二〇〇万ドル、琉球銀行の株式、米石油施設の売り上げ売却益、米予算の五年間の節約分一億六八〇〇万ドルを含めて、六億八五〇〇万ドルとなった。この内の主軸部分となる三億七五〇〇万ドルは、米民生用資産の買収が一億七五〇〇万ドル、返還にともなう米軍基地の移転やその他経費が二億ドルといったぐあいに、積算根拠なしに仕分けられた。総額が密約であるから、それを構成する費目もまた、密約となるのは当然である。

この問題で、日本側は、三億七五〇〇万ドルという数字は、国会対策上過大であるとして、これを三億ドルと七五〇〇万ドルに分割するよう提案した。この三億ドルは後に、米軍用地の復元補償＝四〇〇万ドル、それにＶＯＡ（「アメリカの声」放送）の移転費＝一六〇〇万ドルの計二〇〇〇万ドルが追加されて三億二〇〇〇万ドルとなり、一方の七五〇〇万ドルの内訳は、米軍施設改良工事費＝六五〇〇万ドル、労務管理費＝一〇〇〇万ドルということになった。

結局、日本側が国会の承認を求めたのは、三億二〇〇〇万ドルだけだったのである。この三億二〇〇〇万ドルは、米民生用資産の買収として一億七五〇〇万ドル、核兵器の撤去費で七〇〇〇万ドル、基地従業員の人件費上昇分が七五〇〇万ドルといったように、いずれも、なんら積算根拠のない架空の費目によって構成された。もちろん、これらはすべて日本側がつくり上げ、それを米側が追認したものである。このうち民生用資産についてはなんとか説明がつくが、基地従業員の人件費については、実数との間にかなりの開きがあり、また、核撤去の七〇〇〇万ドルにいたっては、緊急時に備えて、嘉手納、那覇、辺野古の三核施設は、そのまま温存されるので、ほとんどカネはかからない。つまり、この七〇〇〇万ドルは、手つかずで米軍のフトコロに入ったのが真相であった。

こうした密約群の中で、特に注目されるのは、六五〇〇万ドルの米軍施設改良工事費であった。この費目について外務省は、真相の暴露を恐れて、有識者委員会の密約調査から排除してしまったのだが、日本の駐留において、米軍が最もメリットを感じている〝思いやり〟予算は、実はこの米軍施設改良工事費から始まったという点で、財政密約の中でも最も歴史的意義を有するものであった。それまでの対米軍事支出は、在日米軍の施設、区域の無償提供に限られていた。それが、この六五〇〇万ドルによって、米軍施設の移転や改良にまで日本が新たに負担することになったのだ。この費目は、国会の承認をなんら求めることなく、七二年から五年間にわたって防衛庁予算の中にもぐり込ませて、支出されていたのである。

思いやり予算なるものが一九七八年から〝突如〟発足したのは、米軍施設改良工事費という密約金が五年の間に完全に費消されたことにより、それを継続する必要に迫られたからにほかならない。七八年の発足当初、そのカネが、改良工事費の年内支出額とほぼ同額の六二億円からスタートしたことをみても、それが事実上の継続費であったことを如実に示している。この費目は、以降、どんどん押し拡げられ、在日米軍駐留経費の全分野にまたがるようになった。金額も年間で最高二七〇〇億円、いまでも一九〇〇億円弱が計上され、施設、区域の無償提供と合わせて、毎年、数千億円以上の税金が在日米軍に供与されているのだ。それは韓国その他の米軍駐留国が負担している経費とは、比べものにならないほど突出したものとなっている。

その他に、たとえば米軍の普天間から辺野古への移転、あるいは沖縄からグアムへの海兵隊の移転等の経費も、すべて日本側の負担となるので、さらに巨額の臨時支出が追加されることになる。そのことが在日米軍が日本から出て行かない決定的な要因ともなっている。また、この聖域化されつつある対米軍事支出が、いま世界の金融筋が注目している日本の財政再建にとって、重苦しい足枷となっていることも事実である。いずれにせよ、米側はつかみ金方式により、財政問題で狙った三つの目標を完全に達成した。しかし、日本側にしてみれば、もしこの秘密合意が洩れたりすると、「沖縄はタダで帰ってくる」と言う佐藤首相の発言ともからんで、〝沖縄買い戻し〟反対論に火をつけ、国会でも激しい論戦を巻き起こすことは必至である。

そこで福田は、この合意はすべて隠し、共同声明では「財政問題につき、早急に協議に入る」とだけ記載するよう米側に頼みこんだ。これについて、当初米側はかなりしぶったが、内々に、日米間で正式合意の手続きがとられるのであれば、日本側提案に応じてもよいということになった。そこで、福田は、共同声明公表時に、外部には絶対に洩らさないことを条件に、秘密合意を自ら読み上げることとし、正式合意のサインは柏木―ジューリックの間で、一二月早々に密かに実施することにした。このように、ポスト佐藤を意識した福田の苦労は並大抵のものではなかったのである。

〝最も困難な交渉〟が、実際はすでに妥結していたにもかかわらず、それを〝いまから、交渉を始める〟というように共同声明を虚偽表示することなど、まさに日本外交史上、異例中の異例の出来事であった。

福田のこうした〝貢献〟にもかかわらず、ポスト佐藤に向けて画いていた佐藤―福田のバトン・タッチは結局、うまくいかなかった。それは、田中が佐藤派のすべてを握り、後継として万全の体制を築いていたことにもよろうが、他に、佐藤がニクソンとの約定を果たせないままに引きずっていた日米繊維問題(日本の対米輸出の全面規制)という難題を、田中が強引に解決したことによる。六九年一一月の佐藤―ニクソン会談で、佐藤は、密約によってニクソンに日米繊維問題の早急な解決を約束していた。この問題は、ニクソンが大統領選において、南部での戦略として全繊維業者に、その解決を公約していた重要課題であった。一方、日本国内でも、繊維業界は一致結束して、対米輸出の規制に猛反対する運動を展開していた。大平、宮沢両通産相共に、その解決を先延ばしするほどむずかしい情勢であった。しかしこの後を継いだ田中通産相は、まさに、蛮勇をふるって米側の注文通りの案を日本業界に押しつけてしまったのだ。これで佐藤のニクソンへの顔は立った。同時にこの時に、佐藤から福田への禅譲論も完全に消滅してしまったのである。

沖縄返還交渉の中には、このように、日本政界の権力闘争が複雑に織りこまれていたのである。財政問題を総括すると、米側が常に主導権をとり続けた上に、当時からわずか四年前の日本の対韓国賠償金ともいえる経済協力が無償三億、有償二億であったことに比べても、米の得た獲物はいかに巨額であったかがよくわかる。

A. 政策決定

ニクソン政権が発足した一九六九年、新政権はジョンソン政権が選挙後へと先送りしていた沖縄返還を決定しなければならない事態になった。沖縄問題や日米関係に関わる米国の官僚はその必要性をよく理解していた。当時、佐藤総理が沖縄問題の決着に自身の政治生命をかけていただけでなく、B-52爆撃機に反対するゼネストの可能性も含めて、沖縄の問題はかなり危険なレベルにまで達していた。米国の政府内では、沖縄だけでなく在日米軍施設の存続期間を最大限に引き延ばすためにも、一九六九年一月までに返還に同意するという強い合意ができあがっていた。

しかし、いくつかの問題の解決なしには一九六九年に沖縄返還合意に至ることはできなかった。返還の時期、沖縄における米軍基地の地位、沖縄に核兵器を継続して貯蔵できるかどうか、極東全域での軍事義務を果たすために自由な戦闘作戦を行う権利を維持できるかどうか、という問題だった。最も重要視されたのは、韓国や台湾、インドシナの有事における支援であった。

いったん沖縄の施政権を返還してしまうと、日本政府は沖縄の核兵器の貯蔵に同意しないであろう、と国務省内の日本スペシャリストの多くは考えていた。当初は、有事の際の核の再持ち込みの権利を得るために何らかの文言を工夫することで、平時の際の基地の自由使用も継続させることができるのではないかという希望があった。一九六九年初頭、佐藤総理と愛知外務大臣は、返還によって本土の米軍基地同様の制限を受けるようになる前、沖縄の返還移行時に暫定的に沖縄の基地の自由使用を認めることについて日本政府は合意するかもしれないと示唆する発言を幾度かしていた。[1]しかし当時、国務省内のスペシャリスト、特にU・アレクシス・ジョンソンでさえも、日本側がそのような同意をするとは思ってもいなかった。そして三月二〇日、東京の米国大使館は佐藤総理の返還の方針が「曖昧」になっている、と伝えていた。[2]

米国政府内でも、極東戦略においてどのような基地の権利が重要なのか、という議論があった。統合参謀本部（JCS）は、核兵器の貯蔵と沖縄の基地の自由使用が重要であると確信していた。同時に、従来と同等のレベルで基地を使用することは、政治的にますます対価がかかるが、一方で、基地の使用の制限をさほど制限するものにはならないであろうと多くの研究が指摘していた。ニクソン政権はこれらの問題は、広い意味で日米関係や今後の東アジアにおける日本の役割という問題の一部であろうと考えていた。これはニクソンが大統領候補であった、一九六七年一〇月に『フォーリン・アフェアーズ』誌に語った持論であった。

このニクソン大統領の考え方は、沖縄の米国統治の終焉を決定するべき時期が近づいている、という佐藤政権の考えと一致していた。日本政府は沖縄の米国統治は戦後の占領の最後の名残であり、日本がアジア諸国から尊敬されない要因であると考えていた。[3]国務省だけでなく陸軍省までも、沖縄の返還によって損なうかもしれない戦略的柔軟性と政治的に得るものを比較検討するようになっていた。[4]

1．国家安全保障研究メモランダム第5号（NSSM-5）

そのような中で、一月二一日に新しく再編成された国家安全保障会議は、最初の仕事の一つとして東アジア省庁間グループ（IG、省庁間地域グループの後継）に対し、日本と沖縄返還に関わる政策の選択肢について国家安全保障研究メモランダム（NSSM）を作成するよう指示した。ほとんどの国家安全保障研究メモランダムの草案作成には、国務省の日本部長であるリチャード・B・フィンがあたった。沖縄に関する初期の草稿は、二月下旬までに在日米国大使館と沖縄の高等弁務官に送られた。

国家安全保障研究メモランダムが準備されている間に、沖縄返還に関係するであろう問題を明確にするために、一見無関係な検討が数多く行われた。陸軍省は二次的な問題（主となる戦略問題以外のもの）、たとえば返還に対する台湾や韓国、国連の考え方や、想定される返還交渉の形（琉球政府が取り決めの当事者になるかどうか）、関連する財政問題（ドル—円の交換、沖縄における米国のさまざまな請求や資産）、広範囲にわたる軍事関連の問題（土地や労働要求、米軍基地内における第三国籍者の雇用や訓練中の身分）、軍や米国情報庁（USIA）の通信施設の地位、海上や空域の交通管制、そして日米安保条約の適用の問題（日米地位協定）といった問題に関する長い研究を一九六九年四月に終えた。また沖縄の繊維製品割り当てや米国の私企業と個人の地位のような民間レベルでの問題についても検討した。[5] それは他の関連機関にも利用可能になっていたが、かなり後まで東京の大使館がこの陸軍の研究文書を受け取った様子はない。

四月二四日、東京の駐日公使は比較的簡単に処理できそうな問題とは別に、今後浮上してくるかもしれない行政上の問題に対する研究が大きく欠如していることを危惧し、外交官のR・E・アームストロングが書いた「沖縄――経済、法律、行政上の見地からの返還」という論文を日本部長に提出した。その論文は、先に述べたような陸軍の研究と同じ分野を独自に網羅し、日本の返還に対する関心や問題認識の無さについても指摘していた。

アームストロングが取り上げたさまざまな問題とは、基地の境界線、返還後の自衛隊の施設の必要性を含む土地の問題、地位協定が適用される前に沖縄における法体制を日本本土と一致させるための調整などを含む法制度の問題、円とドルの換算や補償などの経済・財政の問題、民間航空の協定、そして日本政府が沖縄の返還によって生ずるであろう日常的で組織的な問題、沖縄の問題への大使館の関与が少なかったことから米国もまた直面するであろう問題、また、高等弁務官が国務省のルートを使わず国防総省を通して行動した事実などであった。アームストロングのメモは次官級レベルで外務省と直接交渉するために、大使付きの上級外交官を任命することや、法律専門家の必要性も提言した。[6]

バンディ国務次官補は日本に対して、今後予想される米国の対日政策について一月二四日までに「一通り」知らせていた。しかしその反面、日本政府の愛知外務大臣らと何度も接触をしていながら、国家安全保障研究メモランダムの内容について、日本政府と議論していなかった。日本の関係者らはバンディ国務次官補に対し、沖縄返還の日程の確定を迫っていた。四月二四日、駐日大使館は交渉担当の上級官を任命するよう提案しており、日本も同様に交渉担当として上級官僚を準備する、と伝えてきた。日本政府が、政府間交渉に琉球政府(GRI)を参加させたがらないため、大使館は高等弁務官と琉球政府をジュニア・パートナーとして関与させる必要があると述べた。

大使館は、日本との交渉の考え方を以下のように説明した。

日米の委員会は多岐にわたる問題を確認するが、一一月に予定されている佐藤―ニクソン会談で返還の日程について同意するまで、その問題解決については交渉を行わない。愛知外務大臣は、返還交渉には一年半は必要であろうと見積もっている(五月二〇日に田中弘人沖縄担当大使がウィンスロップ・ブラウン国務副次官補に語ったように、日本政府は東京が交渉の主な場となると考えていることから、返還交渉で下田大使を補助するため、東京とワシントン間を往復する移動大使に田中大使が任命した)。

米国政府内や日米の協議において、沖縄返還に関わる戦略的問題の重要性が、ここに来て上級官僚らの注目を集めるようになった。

たとえばジョンソン国務次官は、沖縄問題について統合参謀本部と四月に二回会議を持ち、各軍の上官らや駐日大使時代(一九六六年九月から一九六九年一月まで)に会った司令官らと接触して相互の理解に努めた。核兵器の貯蔵について日本政府は同意しないだろうが、緊急事態における核兵器の再持ち込みには秘密裏に同意するかもしれない、とジョンソンは強調した。米国が沖縄の基地の(核を用いない従来型の)自由使用に同意を取り付けることは困難かもしれないが、韓国と台湾に関して日本側が特別な譲歩をするかもしれないとも述べた。もし米国が日本政府に圧力を強めて要求したら、それ以上のことにも応ずるかもしれないとあらためて強調した。統合参謀本部議長代理のジョン・マッコーネル司令官は会議の席で、沖縄返還に米軍が同意するのは現状の軍事的権利が維持できるときのみであると述べた。

米国の官僚らは日本と接触する際、東アジアの抑止力として核兵器の重要性を強調していた。四月一六日、国務省と国防総省は、日本への沖縄返還に向けて準備した核兵器の目的に関する声明を発表した。同様に五月二三日には、沖縄基地の軍事的視点にのっとった自衛隊の研究が手渡された。それは沖縄における核兵器の軍事的な重要性を現実的に評価したものであったが、核兵器に関しては「社会的そして政治的な」考慮をする方が重要であるとも書かれていた。この研究は、日本の安全保障に影響を与える韓国や台湾の有事の際は日本本土の米軍基地が沖縄よりも重要になるだろうと指摘、したがって、どのような事態でも安保条約の下で事前協議制度が適用されるだろうと述べた。

四月三〇日の国家安全保障会議を前に、日本に関する国家安全保障研究メモ(NSSM-5)が議論された。このケーススタディではこの議事録の検証はできないが、主たる問題と方針は国務省のメモランダムや参加者のインタビューから確認することができた。

国家安全保障研究メモランダム第5号は、主に二つの問題を取り挙げた。(1)日米安全保障条約(一〇年後の一九七〇年以後、日米どちらかが一年前に申し出れば破棄することができる、あるいはどちらからも破棄や改正の要求がない場合は継続する)の存続、そして(2)沖縄返還である。二つは、返還合意が、日米安全保障条約破棄か大幅修正を求める日本人の感情を実質上抑えることができるという点で関連していた。

国家安全保障研究メモランダムは、以下のように沖縄返還に関わるさまざまな選択肢を示した。

A．タイミング[7]

1．一九六九年に合意に達することができれば、一九七二年に沖縄返還。

2．一九六九年に返還合意、すべての交渉が完了した場合にのみ返還。

B．アメリカ軍の権限[8]　核兵器に関しては現状維持が最上であり、最低限で本土並み。その範囲で、以下に選択肢が示された。

1．現状維持。

2．核兵器貯蔵と基地の自由使用の当面の同意。

3．緊急時の再持ち込みのみ。

4．通過の権利のみ。

5．天候や人道上の理由のみの再持ち込み。
6．本土並み。
C．**平時の利用**[9]（日本本土では、日本自体が攻撃にさらされない限り、事前協議が必要）　選択肢は以下の通りである。
1．現状維持。
2．当面の間の自由使用。
3．台湾や韓国のような主要な地域用のみの限定的な自由使用で、沖縄や日本本土の基地に適用する。
4．現在の「本土」並み。
D．**日本の防衛努力**[10]（沖縄の問題に関係のある日本の防衛努力の全般については、国家安全保障研究メモにおける議論の中で触れられている）　二つの選択肢は以下の通り。
1．地域的な可能性を示して、日本の軍事防衛力の実質的な拡大を迫る。
2．日本の軍事防衛力の適度な強化と質的な改善を促す。

国家安全保障研究メモランダムが指摘する点の多くは、省庁間においてかなり合意がなされており（ここには記されていないが、沖縄に関連しないものも含まれている）、返還後の沖縄における軍事権のレベルをめぐるものは重要視されているが特に公表されなかった。統合参謀本部は、現状の権限を維持するよう主張していた。大統領の指示により、アレクシス・ジョンソンが国家安全保障会議（NSC）会合の主要なプレゼンテーションで、米国における日本との安全保障関係の重要性を述べ、沖縄の問題が日米関係において障害となりうる、と主張した。省庁間において未解決の問題が多くあるにせよ、会合での討議は沖縄の返還を進めるという決定へと向かった。

2. 国家安全保障決定メモ第13号（NSDM-13）

国家安全保障会議の会合の結果として、一九六九年五月二八日付の国家安全保障決定メモランダム（NSDM）第13号が作成され、米国は日米安全保障条約を維持し在日米軍基地から生じる問題を減少させ、日米関係を維持・改善する方法を模索すると記された。その一方で、日本の軍事力の増強やアジアにおける役割の拡大を強要するような圧力を与えることは避け、日本が防衛努力を緩やかに強化して質的な改善を促すような道を模索するとした。

国家安全保障決定メモ13号（NSDM-13）には、沖縄に関して日本政府と交渉するため、今後二～三カ月の間に、次官委員会の指示の下で極東担当省庁間グループ（EA-IG）に戦略文書を準備するよう大統領が指示したと記されていた。それは以下の点に基づくものだった。

1. 米軍基地の運用に不可欠となる事柄に対する合意や、詳細にわたる交渉が一九六九年に完結すれば、我々は一九七二年の返還に合意するつもりである。

2．特に韓国、台湾そしてベトナムに関する平時の米軍基地の最大限の自由使用を希望する。
3．沖縄での核兵器の継続的な配備を要望するが、緊急時の貯蔵と通過の権利を確保し、沖縄に関する他の合意が満足いくものであれば、交渉の最終局面で大統領は核の撤去に応ずる用意がある。
4．沖縄に関するその他のコミットメントを日本から引き出す。

国家安全保障決定メモ13号は、国家安全保障会議が示した沖縄における核兵器貯蔵という重要な政策の違いに対する解決を、今後の大統領の決定に任せた。また平時における基地の使用というような他の問題についても、交渉の中で実行可能な最善の結果を追求すると、漠然とではあるが示唆していた。

結果的に米国は、日本の要求に従って沖縄における核兵器の貯蔵の権利を放棄することになるであろうというのが、国務省上層部の見解に示唆されていた。それは国防次官補／国際安全保障担当（ASD／ISA）、陸軍省、ホワイトハウスのスタッフのおそらくは一致した見解であった。日本が沖縄に核兵器を貯蔵したままで返還に同意することはあり得ないであろうし、返還合意は、日本の保守的な親米政権の存続にとって不可欠であった。また、もし米国が核の貯蔵を主張するならば、返還交渉はまったく進展しないであろうというのが国務省の見解であった。

六月初旬には愛知外務大臣がワシントンを訪れ、ニクソン大統領やロジャーズ、メルビン・レアード、ケネディ長官、そしてアレクシス・ジョンソンを含むアメリカ政府関係者と会談した。ロジャーズは愛知に対し、韓国、台湾、そして東南アジア条約機構(SEATO)地域で米国が直面している諸問題、特に安全保障体制の信頼性の維持に関して力説した。愛知は特に韓国に関して同意した(愛知はニクソン大統領に対しても同様の見解を示した)。

現在の日本本土における「事前協議」取り決めの意義に関する議論も行われた。ケネディ長官との会談において、愛知は、日本政府は返還に関して米国からより詳細な財政的なデータを必要としている、と主張した。ジョンソンとの会談では、沖縄における日本の防衛責任の見通しについて協議した。このように愛知の協議は交渉の基礎として、一一月に予定されているニクソン—佐藤会談を前にした予備的なものとして実施され、それを経て、返還の決定は会談の場で公的に発表されたのだった。愛知はニクソンと佐藤による共同声明と日本の安全保障における韓国の重要性を主張する日本側の提案(これは記者クラブでの佐藤首相の重要なスピーチとなるべきものであった)を国務省に渡して帰国した。

愛知が、沖縄における核兵器の貯蔵について疑問を呈したかどうかは明らかではないが、愛知が会談した米国政府当局者は、国家安全保障会議が据え置きとした問題について、誰も請け合わなかった。しかし愛知がニクソン大統領と会談した翌日の一九六九年六月三日、ヘドリック・スミス記者がニューヨークタイムズ紙で、核兵器貯蔵を主張せずに沖縄返還交渉が開始することが決定したと報道した。スミスの記事は他のすべての面において、日本に対する国家安全保障研究メモ（NSSM）と国家安全保障決定メモ（NSDM）の趣旨を正確に反映しており、明らかに消息筋によるものであって、おそらくその年の後半に佐藤総理がニクソン大統領に会うまで、正式に合意はしないと日本側に知らせ安心させる目的があったのだろう（しかし、日本側との正式交渉において、その新聞記事に反して、核問題に関する政策決定はないと後に強調した）。

1．一一月一一日、愛知外務大臣はジョンソン大使に、日本政府は米国に対して「本土並み」方式に原則として同意するように提案するだろうと話した（すなわち、核を貯蔵せず、核兵器再持ち込みの事前合意もない。さらに通常作戦の事前協議も伴わない。しかし、米国が核貯蔵と沖縄基地の自由使用の一時的な権利を持っていることは理解している、とした）。一月二一日、愛知は同様の内容を示唆する演説を行った。

2．一月一一日、ジョンソン大使の報告、愛知との面談。

3．たとえば下田大使は二月四日のロジャーズ長官への電話で指摘した。

4．四月九日付の琉球担当部長（陸軍参謀本部参謀次長・作戦担当／DCSOPS）国際民政担当（International and Civil Affairs）からのメモによると、佐藤総理は沖縄返還後の「本土並み」に関する特別移行措置の合意について言及しなくなった。よって、政治的な思惑と軍事的な思惑のバランスは崩れた、と書いてある。

5．この研究は、エドワード・オフラハーティ琉球担当特別補佐官、国際民事問題部長による。

6．外交官のリチャード・スナイダーが沖縄交渉の特別補佐官として大使館へ任命されたのは、この提案への対応としての任命ではなかったが、国務省とホワイトハウスの間の問題解決に役立った。

7. 国務省は（他のほとんどの問題と同様にこの問題においても、国務次官補と国際安全保障担当は合同で行う）第二の選択肢では日本の政治的要求に応じられない、第一の選択肢を好ましいと反論した。

8. 国務省—国際安全保障担当（ISA）と統合参謀本部（JCS）はこの問題に対して鋭く反論し、国務省—国際安全保障担当は（3）を、そして統合参謀本部は（1）を良しとした。

9. 国務省—国際安全保障担当は（3）を、統合参謀本部は（1）を良しとした。

10. 財務省以外の参加者全員が、沖縄返還に際して日本が受け入れるであろう防衛義務の追加と矛盾しないと考えられるとして（2）が良いとした。財務省は（1）を良しとした。

B．戦術と原則

1．極東担当省庁間グループ（EA－IG）の交渉戦略文書

日本部長リチャード・B・フィンは国家安全保障決定メモ13号（NSDM－13）に従って、詳細な戦略文書を準備し、この文書は七月初旬に極東担当省庁間グループ（EA－IG）と次官委員会（the Under Secretaries Committee）に承認された。フィンの文書の原則は以下の通りである。

A．基本戦略　我々が要求する主な軍事権利（核と通常兵器）そして日本からの財政や防衛義務といったコミットメントを引き出すことに焦点を当てる。一一月に予定されているニクソン－佐藤会談における合意を目標とする。

六月初めのワシントンでの愛知会談と日本側が準備した共同声明草案は有効なスタートである。米国は今、三つの主要なカードを使うことができる。

1．日本政府は合衆国との関係を破綻させてまで、返還問題を推し進めることは何としても避けたがっている。

2．日本社会にとって好ましい返還とは、保守派にとって政治的な実りがあるものであ

る。

3．我々が交渉の後半で核兵器の撤去に意欲を見せることは（日本にはっきりとしたヒントとなる）取引に有利である。

日本もまたいくつかの交渉に使えるカードを持っている——米国の国益としての日米同盟関係の維持、返還へのプレッシャーが高まり、注意深い扱いが必要とされる——ことを認識している。

B．戦術と予定

第一段階　七月下旬の合同閣僚会議前に、マイヤー大使がアプローチする。会談を再吟味し、さらに厳密に調べる。米国側の共同声明対案を示す。「交渉テーブル」における核兵器貯蔵というアメリカの見解を提示。

第二段階　合同閣僚会議。ロジャーズは特に平時における基地使用と財政やその他の取り決めについて最大限の柔軟性を探る。もし日本側が核の貯蔵に難色を示すならば、ロジャーズは九月に愛知がワシントンを訪問する際は返還パッケージの方針を考慮にいれて、東京での交渉でその他の分野を進展させることを提案せよ。核問題はひとまず保留する。

11

第三段階　八月の交渉。通常兵器の使用、財政、その他についての取り決めに関して、公式／非公式に同意にこぎつけよ。核兵器貯蔵については、言及を控えるが、緊急時の貯蔵と通過の権利に言及せよ。

第四段階　九月の愛知訪米。ロジャーズと愛知は提案のパッケージのほとんどで仮合意(ad referendum)に努める。核の貯蔵については、日本が九月末までに米国の返答を得ようと譲らない場合、「他の事項の合意に考慮して」大統領に委ねる。
第五段階　交渉最終段階。九月から一一月の間にニクソン大統領と佐藤首相の最終承認を得るような合意と共同声明の最終草案を交渉する。この際に議会の打診。
第六段階　ニクソン—佐藤会談。原則を考慮し合意を承認。

C．**時期**　一九六九年に他の問題が合意に至れば、一九七二年に返還。

D．**基地の自由使用に関する問題**　日本は事前協議制の下で特に、韓国、台湾、ベトナムの問題に関して公式／非公式に、何と言うだろうか？

E．**核の問題**　日本は自国の「核に対する比類ない敏感な世論」について強調するであろう。我々は核の軍事的可能性や抑止力という視点を強調し続けるべきである。核問題を利用して「基地の自由使用」問題に最大限の便宜を得るべきである。我々の基本的姿勢は譲歩することなく、緊急時の核貯蔵の権利について強調すべきである。さらに、核の通過の権利に関する合意を文書化するよう試みるべきである。悪天候時の戦略航空軍団(SAC)爆撃機の飛来といった例外的なケースについても研究すべきである。

F．**財政**　原理原則は返還に際して、日本へは一ドルも渡さない。電力会社や水道会社のような我々の資産は「交換」によって処分すべし。ワーキンググループは設置されている。日本が求めるデータを準備すると愛知と合意している。

G．その他のコミットメント　国家安全保障研究メモ5号（NSSM-5）に記載された他の事柄に関しても調査する。

1．地域防衛の引き継ぎ。日本政府は、すでにその意思を示している。自衛隊（JSDF）には基地が必要である。米軍との調整。緊急時の統合司令部の可能性。アメリカのワーキンググループがこれらの問題について調査中である。

2．沖縄からの特殊兵器の移設費用の支払い（見積もりは五〇〇〇万ドル）。米国が核兵器の撤去に同意したときにのみ問題提起する。

3．沖縄の中継通信施設ヴォイス・オブ・アメリカ（VOA）の維持（特別な合意がなければ日本の法律では実現不可能）。

戦略文書は交渉事項に応じてワーキンググループを設置したと説明している。六月一二日には極東担当省庁間グループ（EA-IG）が共同声明の草案作りのワーキンググループ（議長はリチャード・フィン日本部長）、経済・財政問題のワーキンググループ（議長はロバート・バーネット国務副次官補）、そして沖縄における日本防衛の引継ぎ問題のワーキンググループ（議長は国際安全保障担当のデニス・ドゥーリン国務次官補）を設立した。これらのグループの中で、アメリカ財務省と日本大蔵省が行う予定の交渉における詳細なガイドラインを作成した経済・財政問題が最も活発であった。防衛のワーキンググループもまたガイドラインを作成したが、ニクソン─佐藤会談の前には日本側との交渉が行われなかったためあまり活性化していなかった。共同声明のワーキンググループは、すでに交渉戦略文書が問題を十分に網羅していたことから、他のワーキンググループと同様にガイドラインを作ることはなかった。ワーキンググループは、時折会議を開いたが、大体は非公式な方法（電話）で行った。それは東京で行われる共同声明の交渉のいろいろな分野で使われる国務省作成のガイドラインについて省庁間の承認を得るためだった。

2．経済・財政ガイドライン

バーネットの経済・財政ワーキンググループは六月二四日、七月九日、一七日に会合を開き、七月の東京と九月のワシントンで予定されているケネディ財務長官と福田大蔵大臣との会談に先立って、返還に関わる財政方針の原則を検討した。[12] ワーキンググループは、陸軍参謀本部と大使館が返還関係の問題を特定するため早期に準備した文書を既に入手していた。それに加えて、このワーキンググループは、小笠原諸島返還やドイツへのザール返還の前例も討議した。現行の通貨の換算（ドルから円）は一度に行うのか、軍票を中間段階として経過させるのか、もっとも可能性が高いものとして、沖縄で流通しているドルを他と区別するために重ね刷りした通貨にするかなど検討した。参加者の中には、交換したドルを流出させない方法を考え出したり、廃貨にしたほうがよいと考える人たちもいたが、沖縄で流通するドルに対しては米国が正当に要求する権利があり、その意見は尊重されるべきである、との指摘があった。バーネットは、沖縄は米国の統治の下で繁栄したということが事実だと強調し、連邦準備制度委員会に戦後の経済発展に関する研究を準備するように要請すると述べた[13]。これらの会議の中で作成されたガイドラインは、広く省庁間の同意を得て極東担当省庁間グループによって七月一八日に配布された。そのガイドラインは以下の通りである。

1. 日米地位協定（SOFA）は多少の調整の可能性を除いて、返還後には沖縄に適用される[14]。
2. 沖縄県と日本政府との関係は他県と同様になる。
3. 沖縄における米国の企業は、日本の法律の下で同様に運営できるが、返還への移行期間にはある程度の自由裁量が許可される。
4. 円―ドル交換は日本政府に外国為替（ドル）の純利益はなく、米国に収支損失を出さないという原則に従って実施する。
5. 日本に譲渡されるアメリカ合衆国の施設と資産は、正当に補償されるべきである。
6. 米国はガリオア資金（占領地域救済政府資金）のような過去の支出への補償を請求する[15]。
7. 米国は日本政府に対し、返還によって必要となる代替施設の経費の資金調達を求める（たとえば那覇空港と那覇港で、現在民間施設と連結している軍事施設の移設など）。
8. 米国の請求は、軍事分野における日本の譲歩を引き出すかけひきに利用されてはならない。

9．返還は日米国間の経済上の問題の解決を助けるためのかけひきとして利用されてはならない。[16]

以上の原則は相対的に議論の余地はないところであるが、いくつかの点において違いが生じた。たとえば、軍部（陸軍副次官のジェームズ・シエナ）は、基本的に、日米地位協定の下で日本政府は米軍の求めに応じて施設を提供する義務を負うのだから、継続して使用する米軍基地に対する補償請求の可能性を残しておくよう希望した。そして米国は沖縄において広大な土地を借地として得て、すべての施設の建設経費を調達したのち、名義が日本に移る時点でその経費は補償されるべきだと要望した。シエナはこのような請求は議会において過度な期待を引き起こすかもしれないと譲歩したが、米国が先制攻撃として交渉のはじめにどれだけ要求しているのかを明確に示したことで、国会において日本政府は結果的に助けとなったかもしれない。日米双方の経済の問題を解決するために、財政上の解決を妥協してはならない、と財務省としては強調したがっていた。そのため財務省はポイント（9）を第一に挙げるよう提案したほどだった。

3．日本の防衛引き継ぎガイドライン

沖縄の防衛の日本引き継ぎに関するワーキンググループは、他より動きが遅いように見えた。

計画の立案を要求されていたが、その時点ではおそらく権限の範囲内の問題を日本と交渉できなかったからであろう。ワーキンググループが一〇月初旬に提出、配布した報告書には以下の提言が入れられていた。

1. 日本政府は沖縄の防空の責任を負うとみられる。警戒態勢を近代化し、日本と韓国の警戒システムを統合すべきである。それには日本本土の米日共同防衛システムを適用せよ。日本政府が引き継ぎを希望する防空施設に対して、米国は要求以上の補償を日本政府から得ること。
2. 日本が戦闘飛行中隊(F-104戦闘機とF-4J戦闘機)の沖縄への移転を希望した場合は同意すべきである。
3. 日本政府は、沖縄における保安の責任を負うべきである。そのためには一旅団(三〇〇〇人)で充分であろう。施設の負担を考えると我々は追加の移転を阻止すべきである。
4. 日本政府は、住民が集中する南部の米軍施設と引き換えに、住民が少ない北部に新たな米軍施設を建設する費用を出資すべきである。
5. 同様に日本政府は、米軍が使用する新しい飛行場を建設することを考えるべきである。そうすれば米国は那覇飛行場を手放し、日本政府に譲渡することになるだろう。

前述の提言は比較的論議なく受け入れられた。陸軍省は那覇の高等弁務官からの意見に従って、米軍使用の施設を移設する可能性の提案に賛同した。高等弁務官は、沖縄の各軍司令官の詳細な意見を述べることは差し控えて、いくつか問題があるにせよ、基本的に提案に同意した。

当初、統合参謀本部第5部(JCS J-5)は、日本政府に多くの責任を負わせることに懐疑的だった。八月二六日の統合参謀本部第5部のメモ(ワーキンググループが九月二九日に議論した)には以下のように述べている。

沖縄の安全保障は米軍にとって主要な任務ではなく、ほとんど付随的なものである。米軍の代わりに日本の自衛隊が配備されることは、純粋な地域防衛任務と同じく、地域の安全保障任務(たとえば防空)の責任を引き受けない限り、全体的な即応体制は著しく低下するであろう。自衛隊は、米軍の施設を譲り受ける代わりに、自身の施設を開発すべきであるが、過剰な開発は阻止すべきである。返還移行期間には、たとえば自衛隊が対空の責任を負うために必要な訓練など、さまざまな問題があるであろう。この期間においては米軍の要求が優先されるべきである。沖縄の防空は韓国・台湾と統合するべきである。

上記にまとめられていなかったが、統合参謀本部のメモにおけるその他の指摘は、基本的にはワーキンググループの提案を反映していた。実際のところ、それらは統合参謀本部メモを大幅に参考にしたものだった。

五月下旬、高等弁務官は那覇での連絡拠点として特別作業グループ（Special Task Group）を設置した。七月二九日、ジェームス・B・ランパート将軍は特別作業グループ（STG）が検討のために作成した諸問題のリストに、彼が同意していることを注記したリチャード・フィン作成の沖縄交渉の戦術文書、返還問題に関する四月のオフラハーティ研究を添えて提出した。特別作業グループのほとんどのリストは、すでに他で指摘された諸問題と重複していた。しかし、沖縄の特殊状況に対応するために日米安全保障・日米地位協定改定に取り組んでいる部門では、難しい問題が提起された。たとえば、特別な通信施設、米軍に雇用されている第三国籍の従業員と米軍の訓練を受ける者たちの存在である。米国と日本の取り決めでは、日本政府が要求すれば施設の使用を打ち切ることができることになっている。後に日本政府も沖縄において不適切であると述べていた。

その数カ月後に、高等弁務官の特別作業グループは、リストに挙げられていたほとんどの問題についての詳細な研究結果を分析し、ワシントンの陸軍省と東京の交渉担当者の両者にバックアップデータを提供した。それは沖縄における米国の資産の価値に関する特に重要なデータを含んでいて、陸軍省がバーネット作業グループに渡した。

しかし、この特別作業グループが確認し研究した問題の多くは、返還合意後まで交渉担当者の議題に上ることはなかった。地位協定改定の問題が特別作業グループや他によって指摘された後、それらの問題は処理しやすく、地位協定と日米安全保障条約改定の可能性を提起することは政治的に危険である、と広く考えられるようになった(最悪の場合、改定の提案は一九六〇年に日米安全保障条約が改定された時のような危機を引き起こすかもしれない。地位協定のやり直しにうまくこぎつけても、結果はかなり不都合な合意の内容になるかもしれない。スナイダー氏は特別作業グループに、最近の地位協定の交渉は日本にかなり有利な状況になっていると指摘した)。特別作業グループは、陸軍や東京のスタッフへの支援に加えて、一九六九年に返還交渉に関わる官僚たちが沖縄に来ていた時には、報告の連絡先としても機能した。

11. ここで言及されている会議とは、ロジャーズ長官が出席予定の東京での閣僚級合同経済委員会議である。会議の議題には沖縄問題を挙げる予定はなかったが、ロジャーズ長官が出席する機会を利用して日本政府高官らに沖縄問題を投げかけた。

12. 七月の東京の会議で、ペティー財務省次官補はケネディ長官と交代した。

13. この要求に応えて、リード・アーバインが沖縄の経済成長に関する素晴らしい報告書を作成したが、提出が遅すぎて交渉に大きな影響力を与えるには至らなかった。ニクソン—佐藤共同声明に反映させるための提案ではあったが、共同声明に含めるには遅かった。

14. 日米地位協定を適用するという決定は、当然地位協定の財政面に関してのみである。何年にもわたって日本で施行されてきた日米安全保障条約、日米地位協定、付属するさまざまな合意を沖縄に適用するかどうか、そしてそれから派生したさまざまな問題をどのようにすりあわせるかということは、細心の注意を払う必要があった。

15. 日本に対する米国のガリオア資金の請求の終了後も、沖縄は特別に除外されていた。その後の調査によって沖縄へのガリオア資金は、日本政府に対して法律的に請求できるものではなく、実際の交渉では問題は追及されなかった。

16. この点における省庁間の合意はあったが、商務省が日本との繊維交渉での圧力材料として沖縄返還問題を利用しようとしているという疑いが持たれていた。

C．交　渉

上記に述べたことを発展させた戦略とガイドラインに沿って、実際の日本側との交渉は三つの段階で行われた。

1．閣僚レベルでの議論　愛知外務大臣はロジャーズ長官（と他の米政府官僚ら）とワシントン（六月と九月）と東京（七月）で会い、東京で開かれる交渉の概略を説明した。福田大蔵大臣は九月にワシントン近郊のフェアフィールドファームでケネディ財務長官と会い、財政問題の解決に向けた基本原則について会談し、返還に関わる財政面の交渉は東京において財務省と大蔵省の官僚が直接交渉を行うことで合意した。いったん実際の交渉が進むとマイヤー大使と愛知はおおよそ毎月のペースで会った。

2．スナイダー―東郷交渉　ほとんどの交渉はリチャード・スナイダー外交官が担当した。彼は交渉目的のために七月にマイヤー大使の特別補佐官に任命された人物である。[17] スナイダーは交渉初期の日本側の交渉相手であり、ある程度の自由裁量権限を持っているように見える外務省北米局の東郷文彦局長に対して、主導権を握って働きかけた。スナイダーは大使館の中で大使直属であったが、必要な場合に限り他の部署についても相談に乗っていた。後にカーティス海軍中将が、交渉チームの上級軍人メンバーに任命された。彼の任務は、沖縄に関する軍事的な要件が適切に講じられるようにすることだった。会談は東京で行われたが、メンバーたちは相談と状況説明のためにワシントンや那覇に出張することもあった。東京のスナイダーのグループは、ワシントンの省庁間の作業で交渉の大筋は了解されており、軍事の代表権も含めて交渉に関する強い権限を持っていたので、かなり自主的に活動できた。スナイダーと東郷は、国務省と外務省が最終的に承認することを前提に、さまざまな提案を交換し、かなり迅速に「暫定」合意(ad referendum)にこぎつけた。

3. ジューリック―柏木会談

返還に関わる経済・財務問題はスナイダー―東郷の交渉とは別に、並行して財務省高官のアンソニー・J・ジューリックとその交渉相手である大蔵省の柏木雄介財務官の間で交渉が行われた。これらの会談はかなり遅れて、一〇月二日に始まった。大使館(そして国務省)は当初、慣行に従って、大使館職員と外務省職員の話し合いを仮定していたが、大蔵省は財務省と大蔵省職員だけで交渉を行うと主張した。実際にこの提案はフェアフィールドファームでケネディ財務長官が同意し、日本の要求通りになった。[18] 国務省のメッセージは大使の指示の下でジューリックが仕事を遂行していることを明らかにしている。記録を見る限り大使館と国務省は交渉に関する情報をやりとりし続けていたことが分かるが、情報はしばしば遅れ、詳細なものでもなかった(ジューリックへの指示の大部分はロバート・バーネットによって国務省内で起草されたものであったが、財務省や陸軍省が共同で作成することもあった)。

閣僚レベルの会議では、一般的な原則だけが議論された。上記の通り六月のワシントンでの会議で、愛知外相はロジャーズ長官に日本側の共同声明の最初の草案と共同声明に関連する日本側の声明を渡した。六月に続く愛知外相との会議で、ロジャーズは米国の立場について述べ、以下について主張した。原則として(a)韓国だけでなく台湾とベトナムに関して、従来のような基地内での通常兵器の使用に対して柔軟な理解が必要である。(b)米軍の戦略と抑止力政策において核兵器は重要である。しかし、核の貯蔵の問題には言及しない。そして(c)沖縄における米国資産については補償を受けるべきであり、返還によって生じる国際収支上の負担は負うべきではないというのが原則である。フェアフィールドファームでのケネディ—福田会談ではバーネット作業グループが作成したガイドラインに沿って、同様に一般的な原則について協議した。日本政府は財政問題についてニクソン—佐藤会談で返還合意に至るまでどのような合意をも延期したいと考えていると福田は示唆した。それは日本の国会で米国から沖縄を金で買い戻すと見られないようにするためである、と。しかしケネディは、米国議会が神経を尖らせているため、合意の延期は不可能であると指摘した。[19] その後、財政会談を継続することで合意した。

交渉がワーキンググループレベルへと移ると、米国政府内では依然賛否両論があった多くの個別問題が解決された。

核兵器貯蔵

最初に書いたように国防総省(DoD)、特に統合参謀本部の一番の関心事である核兵器貯蔵の問題は、国家安全保障決定メモ13号(NSDM-13)によって後の大統領の政策決定まで先延ばしにされていたが、たとえば、一〇月八日のカーティス海軍中将の交渉グループによる状況説明で、米国は日本に自国の立場について時々、くぎを刺した。

最大限の基地の自由使用

(七月初めにワシントンで共同声明ワーキンググループが簡単に討議した共同声明草案の「理想的な」)包括的な保証を得ようとする真剣な取り組みはほとんど行われなかった。スナイダーと東郷の間では、最初から(沖縄返還の時にまだベトナム戦争が続いていた場合)韓国、台湾、ベトナムにおける有事の際には日本政府が米国に「事前協議」制度に保証を与えることを中心に話し合いが行われていた。日本側は韓国に関して事前協議の保証を与えることに異論はなかったが、台湾に関して違う考え方を示した。

沖縄返還の合意内容は現行の日本本土の合意に取って代わるべきかどうか、という議論があった。そうした努力が払われたにもかかわらず、ペンタゴンの官僚たちの中には「最大限の」基地の自由使用に言及した国家安全保障決定メモ13号の目的が達成されていない、と交渉に不満を感じるものもいた。たとえば陸軍参謀では、核兵器に関する決定をし、それをテコに基地の自由使用でもっといい合意を得ることができたはずだ、と異論を唱える者もいた。しかし東京での交渉が満足のいくものとして進んでいると一般的に受け入れられていたため、これらの問題が省庁間の大きな論争となることはなかった。日本政府の保証の内容だけでなく、佐藤総理が国民向けに予定している声明の提案、秘密協定(secret agreements)[20]のさまざまな可能性や、中華民国(台湾)、韓国への直接的な外交保証を含めて、進め方も詳細な協議が行われた。

日米安全保障条約と日米地位協定の適用性

再度繰り返すが、日米安保条約や日米地位協定の規定から沖縄を外そうという試みには、ペンタゴンが懸念を表すことはあったものの、日本政府が真剣に迫ることはなかった。

米軍は主に日米安全保障条約や日米地位協定を改定せずに適用することによって生じる情報伝達の困難さ、第三国籍者の地位、また日本政府が一方的にさまざまな施設の使用を打ち切る可能性を危惧していた。[21]交渉担当者たちと国務省は(最終的には統合参謀本部も同様に)、日米安全保障条約改定による亡霊の出現(悪影響)を避けることに、より関心を持つようになり、それゆえ、日米安全保障条約と日米地位協定(SOFA)および、付随する合意の適用(日本が一方的に、もしくは日米合同委員会の中で柔軟に取り決めるという条件で)を了解した。日米安全保障条約に付随するどの合意を適用するべきか、それらをリストアップする必要があるかどうか、という事柄に関する多くの議論が行われた。

その他の了解

スナイダーは日米地位協定に関する問題など、日本側にとってあまり重要ではなく、まだ解決されていない事項も取り上げた。第三国籍者の公平な扱い、返還の移行期における米国の会社、ヴォイス・オブ・アメリカの送信局の継続運営に関する保証は、公的なものであろうとなかろうと個別な事案として扱い、了解された。

財政面

最も困難な交渉は財政問題であった。バーネットのワーキンググループは、ケネディと福田がフェアフィールドファームで概括的にまとめたものを詳細なガイドラインとして用意したが、交渉が始まると新たに加わった困難な政策決定を解決しなければならなかった。

（a）米国のさまざまな請求に対して、財政問題の解決のために詳細な見積もりを基本とする総額を決定するのか、より簡単に一括払い(lump sum)にすることで合意するか。

（b）もし後者に賛同するのなら、手始めに総額はいくら要求すべきで、交渉担当者が了解できる最低額はいくらであるのか。

一括払い方式はトリザイス経済担当国務次官補[22]が推奨し、レアード長官とケネディ長官が自主的に採用したものであった。フェアフィールドファームでは、米国側は一括払いの提案を持ち出していなかったが、ジューリックは柏木にその提案を示した。しかし、日本の国会はいかなる支払いにも詳細な勘定書が必要だと主張するであろうと、柏木はこの提案を強く拒否した。柏木は一一月のニクソン―佐藤会談で沖縄返還を正式に決定するまで、財政問題の解決は延期したいと、再び日本政府の意向を反映した姿勢を見せた。

一〇月二二日の第二回目の会談の後、ジューリックはもし日本側が一括払い方式を強固にはねのけるのであれば、個別支払い方式も「望ましい結果」を導き出せないであろうし、彼の任務は失敗に終わったと報告しなければならない、とワシントンに電報を打った。しかしジューリックは、一括払いに必要となる詳細な根拠を示す権限を得て、ある程度の妥協を引き出すことができた。

解決しなければならない問題の大きさは、解決の困難さを示していた。六億五〇〇〇万ドルという「最初の」合計額は、国防長官の勧告によりワシントンで承認された。その最終的合計額は、アメリカ議会に好印象を持たせるために十分なほど高額でなければならず、内容は日本の国会を納得させるほど充実していなければならないと、米国側は理解していた。

これはワシントンで非常に大きな議論を引き起こした。一〇月三一日のワシントンでのワーキンググループの会議で（東京での会談はすでに開始された後だった）、ウォーレン・ナッター国防次官補（国際安全保障担当）は、六億ドル以下では同意は不可能だと主張した。一一月一日、別のワーキンググループの会議で、バーネットが議会に説明する際、米国にとって（五年間で一億五〇〇〇万ドルの見積もり）予算節約になることを考慮するように提案した（つまり土地借地代や地元労働者への社会保障の支払いなど、さまざまな経費を日本側が引き受けることから、米国側にとって節約になる）。節約される予算の見積もりを加算すると、[23] 国防総省が要求する合計に近い金額、四億ドルになることから、バーネットは東京側の交渉担当者が、四億ドルという金額を受け入れる権限を持つべきだと感じた。

比較的容易に処理できた問題は、ドルと円の交換に関する方法だった。日本側の示唆を受けて、米財務省は日本側に対し、円ドル交換を行ったときに日本側が手にすると見積られる一億ドルをニューヨーク連邦準備銀行に無利子で一五年間預金すること、日銀の流動性準備金が五〇%、あるいはそれ以下になるときを除き、その一五年間は引き出さないとする案を示した。[24] この措置は、新たな円を発行させ、同時に円ドル交換による米国の国際収支統計の赤字を生じさせないという条件を満たすことができた。

このような状況の下で、ジューリックの交渉はゆっくりと進んだ。しかし、合意は不可欠であり、遅くとも予定された会談までに財政問題が解決しない場合、米国は日本側に対してニクソン―佐藤会談を延期するという方法をとるべきだ、とトリザイス次官補が考えている、と極東担当省庁間グループの会議の席上、国務省経済担当の代表が語った。しかし延期となれば、佐藤首相の政治生命やその後の日米関係にも大きなダメージを与えるであろうことは国務省、おそらく国防総省、特に国際安全保障担当者も広く理解していた。

17. スナイダー氏は以前、ホワイトハウス国家安全保障会議のスタッフの極東上級専門家であり、それ以前は国務省の日本部長であった。

18．この主張の真意は全く明白ではない。実際、福田には実際は政治的優位な状況を独り占めしようとする政治的動機があったかもしれないが、沖縄返還交渉に成功した佐藤総理の手柄となった。財務省と大蔵省には財政問題を切り離すという利害の一致があるため、財政問題の解決は他の省庁の利害に関わる思惑（繊維交渉の時のように）によって左右されることはなかったであろう。

19．国防総省は返還に伴って沖縄における米国資産が充分に補償されるべきである、という点に特に敏感になっていた。それは沖縄から軍事機能を他に移設する時に、政府支出金の一部として議会の批判を受けることなく、軍事施設建設の要求をしやすくするためであった。

20．日本側はいかなる密約（secret agreement）の必要性をも回避しようと、日本だけで佐藤総理が発表する声明をある程度受け入れた。実際、満足いく日本だけの声明を作らせて、日本側を満足させる手段として、米国側は折りにふれ密約のアイディアをちらつかせた。

21．メモランダムには平時における基地の自由使用が不十分だという苦情が報告され、地位協定（ＳＯＦＡ）の適用性に関して問題は残ったままであるとも指摘されていた。一〇月一三日のメモランダムの脚注には、東京から報告されたように共同声明には改善された点はあるが、基地の終結という日本政府の意見には依然として問題が残ると記されていた。

22．アーランド・Ｈ・ヘギンボーサムによる九月三日のワーキンググループのメモランダム。

23．ジューリックが一括払いの案に対する日本側の反対に直面した時、国務省は（当初の六億五〇〇〇万ドルの請求総額に代わって）メッセージ（一〇月二二日）を送り、六億ドルで同意する権限を与えた。国務省はその後のメッセージ（一一月二日）で主要なカテゴリーによって細分化し、日米双方の選択肢として五億二七〇〇万ドルを提案した。ジューリックはその総額五億二七〇〇万ドルについてスナイダーや大使と協議しなければならなかった。国防総省との問題は解決していたが、パッカード次官が交渉担当者に総額六億ドル以下で了解する権限を与えることを拒否し、国務省（U・アレクシス・ジョンソン）に追加メッセージを送って反対するよう強く主張していたからである。

24．提案は一一月五日の国務省からの指示の電報に含まれていた。

D．東京での合意

一一月一〇日、ニクソン―佐藤会談（一一月一九日開始予定）寸前に、ジューリックが通貨交換によって得られる無利子の預金一億一二〇〇万ドルを含む五億二〇〇〇万ドルの総額合意で日本の了解を得た、と東京の米国大使館が報告してきた。その合意は国防総省が算出した六億ドルより幾分低かったが、国務省官僚の期待を上回るものだった（予算節約分を加えて、合意は当然、目標額を実質的に大幅に上回るものだった）。

日本側は返還を正式に承認する前に合意を公表するのを好まず、口頭での確認とニクソン―佐藤会談の数週間後の書面での合意を提案した。ワシントンではアレクシス・ジョンソンがこれをすばらしい合意だとする国務省の見方にメルビン・レアード国防長官の同意もとりつけ、同意する旨のメッセージを一一月一一日に東京に送った（米国の観点からすると合意自体は全体的に良いものであったが、合意された詳細の多くは文書化されておらず、交渉の記録もなかった。これが一九七〇年から一九七二年に続く交渉にとって非常に多くの難題となった）。

ニクソン―佐藤会談の共同声明に向けたスナイダーによる交渉とそれに伴なう合意は、返還の前に求めていた保証と理解を含み、財政問題よりもおおむねスムーズに進んだ。スナイダーは交渉を早い時期から始めていて、ほとんどの問題は解決済みであった。核兵器貯蔵以外の問題はスナイダーと日本の交渉担当者との間で広い範囲で合意をしており、主な問題は書式と文言に関してのものだった。原則的に編集による変更か、沖縄返還に関わらない問題は後に解決することとして残して、一〇月中旬までに共同声明の文言と他の合意ができた。ただ一つの例外が、やはり核兵器の問題であった。

すでに記したように、スナイダーとアーミン・マイヤー大使は会談の間中ずっと、核問題におけるアメリカの姿勢を「引き延ばし」た。ニクソン—佐藤会談が近づくにしたがって日本側はいらだちを見せた。九月二五日、田中大使はマーシャル・グリーン次官補とロバート・バーネット副次官補に、「最後に残った問題」を解決する時間はもうあまり残されていないとくぎを刺した（前述したように陸軍省のスタッフはこの時まさに、交渉の手段としてこの問題は使えるという決定に達して提言し始めていた）。

一〇月八日、カーティス提督は、核問題について東京の交渉グループに簡単に説明した。この後、多くの点で、おそらく米国の立場に変化がないことを指摘したと思われる、統合参謀本部（JCS）議長のホイーラー大将が東京を訪問したが、日本側は一〇月三一日までにその問題を解決できるかもしれないというヒントを受け取ることはなかった。その日、アレクシス・ジョンソンは、一週間ほどで大使館に指示が送られてくると下田大使に伝えた。これらの指示はワシントンで決裁を受けるのに手間取ったようだった（草案はジョンソンとフィンによって九月二九日に準備されていたが、東京には一週間以上後になるまで来なかった)。

最終的には一一月一二日にマイヤー大使が愛知外務大臣に会い、大統領は核問題について佐藤首相と個人的に見直しをするであろうし、米国は感謝しこの問題を取り巻く日本の政治的な問題に同情しているが、米国にとって核兵器貯蔵を制限する提案は、米国にとって戦略的で同時に政治的な問題なのだと伝えた。これは日本の期待を下回るものだったかもしれないが、佐藤首相が訪米に取りかかるようにするには十分であった(佐藤は米国と核問題について最終的に満足のいく合意に達すると自信が持てなければ訪米しなかったであろう。佐藤にとって最終時点で取り消すことは、政治的には困難な事を引き起こして、訪米にとりかかるよりも大きな問題となり、その後の合意には至らなかったであろう)。

核の問題以外の共同声明はすべての面で合意に達したが、それは、米国政府内においてすべての問題は解決済みという意味ではなかった。交渉の流れの中で事実上、共同声明には米国の視点が強く打ち出されていたが、国防総省、特に陸軍の沖縄の基地の自由使用の保証に対する頑固な疑いはなかなか払拭できなかった。一一月一四日のホワイトハウスに宛てたメモランダム(覚書)の中で、ロジャーズ長官は、共同声明の文言は日本本土に関する合意に明らかに進歩があり、佐藤総理は韓国、台湾、ベトナムに関して国内の政治的なリスクを引き受けている、と記した。国務省はその保証を「鉄壁」でないけれども「十分」だと感じており、事実、日本本土の基地に関する保証が存在することは進歩だと考えていた。

だがロジャーズは、国防総省が相変わらず補足的な秘密の合意を迫り続けており、極東において武力攻撃が起きたときに、基地を無条件に使用できるよう非公式の了解を得られるよう、佐藤首相に探りを入れるように大統領に要請していると報告した。さらにロジャーズのメモは、佐藤総理のワシントン訪問の「唯一の本当の目的」は沖縄返還に際して、核抜き、本土並みの合意を取り付けることであり、核の問題は「困難」に陥りやすいと記していた。

E．ニクソン―佐藤会談

佐藤総理のワシントン公式訪問は一九六九年一一月一九日、二〇日そして二一日に行われた。この訪問の最後に発表された共同声明（一五三頁参照）は、数カ月前にスナイダーが東京で作成したものに基づいていた。両政府は「日本を含む極東の安全をそこなうことなく」、一九七二年中に沖縄返還を行うという合意を表明した。

佐藤総理は共同声明の中で、「韓国の安全は日本自身の安全にとって緊要である」とし、「台湾地域における平和と安全の維持も日本の安全にとってきわめて重要な要素である」と述べた。両政府はもし沖縄の返還の時期までにベトナムの平和が実現されなければ、全面的な協議が行われるであろうし、沖縄の返還は「南ヴィエトナム人民が外部からの干渉を受けずにその政治的将来を決定する機会を確保する」という米国の努力に影響を与えないと合意した。

両政府はまた日米安全保障条約（一九七〇年以降、一年前に一方が通告すれば破棄することができる）を維持する、という方針を確認した。日米安全保障条約と条約に付随する合意は、返還後に改正なしで沖縄に適用される。これは返還後、沖縄の基地は日本本土の他の米軍基地と同様に、核は存在しないという状態を意味するのだが、スナイダーの東京での交渉ではなく、ニクソン大統領と佐藤との会談直前に準備された草案に基づいて、共同声明の第八項をめぐって問題が起こった。

第八項によると、佐藤は「核兵器に対する日本国民の特殊な感情およびこれを背景とする日本政府の政策について詳細に説明し」、大統領は、「日米安保条約の事前協議制度に関する米国政府の立場を害することなく、沖縄の返還を、右の日本政府の政策に背馳しないよう実施する旨を総理大臣に確約した」となっている。日本側の要求に従って東京での交渉で合意したように、共同声明には、原則として経済・財政問題の合意を反映せず、「沖縄における米国企業の利益に関する問題も含む財政および経済上の問題」は、両国政府の間で解決し、詳細な議論を迅速に開始する、とだけ記されていた。佐藤は軍事問題に関して、日本政府は返還後に「沖縄の局地防衛の責務は日本自体の防衛のための努力の一環として徐徐にこれを負う」と合意した。作成された共同声明は、沖縄返還の準備委員会が報告書をとりまとめ、東京の日米安全保障協議委員会に提言を出すなどして、返還に関する協議全体に責任を持つものだった。

東京でのスナイダーの交渉では、佐藤総理が単独で共同声明のいくつかの方向性について詳しく説明することは了解されていた。一九六九年一一月二一日にナショナル・プレス・クラブで行われた演説の中で、佐藤は日米の安全保障関係は極東の平和と安定のために重要であると述べた。さらに共同声明から一歩踏み込んで、佐藤は「韓国に対する武力攻撃が発生するようなことがあれば、これはわが国の安全に重大な影響を及ぼすものであります。従って、万一韓国に対し武力攻撃が発生し、これに対処するため米軍が日本国内の施設、区域を戦闘作戦行動の発進基地として使用しなければならないような事態が生じた場合には、日本政府としては、このような認識に立って、事前協議に対し前向きに、かつすみやかに態度を決定する方針であります」と述べた。しかし故意に曖昧な言い方で、日本の安全保障にとって台湾周辺の平和の維持は「同様に重要な要素」であり、「米国による台湾防衛義務の履行というようなことともなれば、先に述べたような認識をふまえて対処してゆくべきものと考えます」と語った。

極東での有事の際の基地の使用に関して、もっと踏み込んだ保障を望む軍高官らにとって、沖縄返還の共同声明は満足といえるものではなかった。しかし、統合参謀本部や返還に関係する議会委員会の委員長らは、核抜きの沖縄の状況を受け入れて日本政府に追加として密約を強制しない、という大統領の決断の裏にある考えを受け入れた(佐藤総理の訪問の前のホワイトハウスの朝食会で、大統領自身が行った説明が重要な要素となった)。

さらに言えば、韓国と台湾に関わる日本の安全保障上の利益に対する佐藤の表明にかなり満足したのだった。この佐藤の演説によって、日米安全保障条約の下の事前協議制により、日本本土や沖縄を問わず在日米軍基地の使用について日本側の同意を得なければならない時に、日本政府がどのように対応するかという点が書面化されたことは、米国にとって説得力あるものであった。

付録　佐藤栄作総理大臣とリチャード・M・ニクソン大統領との間の共同声明

ワシントンDC、一九六九年一一月二一日

1．佐藤総理大臣とニクソン大統領は、一一月一九日、二〇日および二一日にワシントンにおいて会談し、現在の国際情勢および日米両国が共通の関心を有する諸問題に関し意見を交換した。

2．総理大臣と大統領は、各種の分野における両国間の緊密な協力関係が日米両国にもたらしてきた利益の大なることを認め、両国が、ともに民主主義と自由の原則を指針として、世界の平和と繁栄の不断の探求のため、とくに国際緊張の緩和のため、両国の成果ある協力を維持強化していくことを明らかにした。大統領は、アジアに対する大統領自身および米国政府の深い関心を披瀝し、この地域の平和と繁栄のため日米両国があい協力して貢献すべきであるとの信念を述べた。総理大臣は、日本はアジアの平和と繁栄のため今後も積極的に貢献する考えであることを述べた。

3．総理大臣と大統領は、現下の国際情勢、特に極東における事態の発展について隔意なく意見を交換した。大統領は、この地域の安定のため域内諸国にその自主的努力を期待する旨を強調したが、同時に米国は域内における防衛条約上の義務は必ず守り、もつて極東における国際の平和と安全の維持に引き続き貢献するものであることを確言した。総理大臣は、米国の決意を多とし、大統領が言及した義務を米国が十分に果たしうる態勢にあることが極東の平和と安全にとつて重要であることを強調した。総理大臣は、さらに、現在の情勢の下においては、米軍の極東における存在がこの地域の安定の大きなささえとなつているという認識を述べた。

4．総理大臣と大統領は、特に、朝鮮半島に依然として緊張状態が存在することに注目した。総理大臣は、朝鮮半島の平和維持のための国際連合の努力を高く評価し、韓国の安全は日本自身の安全にとつて緊要であると述べた。総理大臣と大統領は、中共がその対外関係においてより協調的かつ建設的な態度をとるよう期待する点において双方一致していることを認めた。大統領は、米国の中華民国に対する条約上の義務に言及し、米国はこれを遵守するものであると述べた。総理大臣は、台湾地域における平和と安全の維持も日本の安全にとつてきわめて重要な要素であると述べた。大統領は、ヴィエトナム問題の平和的かつ正当な解決のための米国の誠意ある努力を説明した。総理大臣と大統領は、ヴィエトナム戦争が沖縄の施政権が日本に返還されるまでに終結していることを強く希望する旨を明らかにした。これに関連して、両者は、万一ヴィエトナムにおける平和が沖縄返還予定時に至るも実現していない場合には、両国政府は、南ヴィエトナム人民が外部からの干渉を受けずにその政治的将来を決定する機会を確保するための米国の努力に影響を及ぼすことなく沖縄の返還が実現されるように、そのときの情勢に照らして十分協議することに意見の一致をみた。総理大臣は、日本としてはインドシナ地域の安定のため果たしうる役割を探求している旨を述べた。

5．総理大臣と大統領は、極東情勢の現状および見通しにかんがみ、日米安保条約が日本を含む極東の平和と安全の維持のため果たしている役割をともに高く評価し、相互信頼と国際情勢に対する共通の認識の基礎に立つて安保条約を堅持するとの両国政府の意図を明らかにした。両者は、また、両国政府が日本を含む極東の平和と安全に影響を及ぼす事項および安保条約の実施に関し緊密な相互の接触を維持すべきことに意見の一致をみた。

6．総理大臣は、日米友好関係の基礎に立つて沖縄の施政権を日本に返還し、沖縄を正常な姿に復するようにとの日本本土および沖縄の日本国民の強い願望にこたえるべき時期が到来したとの見解を説いた。大統領は、総理大臣の見解に対する理解を示した。総理大臣と大統領は、また、現在のような極東情勢の下において、沖縄にある米軍が重要な役割を果たしていることを認めた。討議の結果、両者は、日米両国共通の安全保障上の利益は、沖縄の施政権を日本に返還するための取決めにおいて満たしうることに意見が一致した。よつて、両者は、日本を含む極東の安全をそこなうことなく沖縄の日本への早期復帰を達成するための具体的な取決めに関し、両国政府が直ちに協議に入ることに合意した。さらに、両者は、立法府の必要な支持をえて前記の具体的取決めが締結されることを条件に一九七二年中に沖縄の復帰を達成するよう、この協議を促進すべきことに合意した。これに関連して、総理大臣は、復帰後は沖縄の局地防衛の責務は日本自体の防衛のための努力の一環として徐徐にこれを負うとの日本政府の意図を明らかにした。また、総理大臣と大統領は、米国が、沖縄において両国共通の安全保障上必要な軍事上の施設および区域を日米安保条約に基づいて保持することにつき意見が一致した。

7．総理大臣と大統領は、施政権返還にあたつては、日米安保条約およびこれに関する諸取決めが変更なしに沖縄に適用されることに意見の一致をみた。これに関連して、総理大臣は、日本の安全は極東における国際の平和と安全なくしては十分に維持することができないものであり、したがつて極東の諸国の安全は日本の重大な関心事であるとの日本政府の認識を明らかにした。総理大臣は、日本政府のかかる認識に照らせば、前記のような態様による沖縄の施政権返還は、日本を含む極東の諸国の防衛のために米国が負つている国際義務の効果的遂行の妨げとなるようなものではないとの見解を表明した。大統領は、総理大臣の見解と同意見である旨を述べた。

8．総理大臣は、核兵器に対する日本国民の特殊な感情およびこれを背景とする日本政府の政策について詳細に説明した。これに対し、大統領は、深い理解を示し、日米安保条約の事前協議制度に関する米国政府の立場を害することなく、沖縄の返還を、右の日本政府の政策に背馳しないよう実施する旨を総理大臣に確約した。

9．総理大臣と大統領は、沖縄の施政権の日本への移転に関連して両国間において解決されるべき諸般の財政及び経済上の問題(沖縄における米国企業の利益に関する問題も含む。)があることに留意して、その解決についての具体的な話合いをすみやかに開始することに意見の一致をみた。

10．総理大臣と大統領は、沖縄の復帰に伴う諸問題の複雑性を認め、両国政府が、相互に合意さるべき返還取決めに従って施政権が円滑に日本政府に移転されるようにするために必要な諸措置につき緊密な協議を行ない、協力すべきことに意見の一致をみた。両者は、東京にある日米協議委員会がこの準備作業に対する全般的責任を負うべきことに合意した。総理大臣と大統領は、琉球政府に対する必要な助力を含む施政権の移転の準備に関する諸措置についての現地における協議および調整のため、現存の琉球列島高等弁務官に対する諮問委員会に代えて、沖縄に準備委員会を設置することした。準備委員会は、大使級の日本政府代表および琉球列島高等弁務官から成り、琉球政府行政主席が委員会の顧問となろう。同委員会は、日米協議委員会を通じて両国政府に対し報告および勧告を行なうものとする。

11．総理大臣と大統領は、沖縄の施政権の日本への返還は、第二次大戦から生じた日米間の主要な懸案の最後のものであり、その双方にとり満足な解決は、友好と相互信頼に基づく日米関係をいつそう固めるゆえんであり、極東の平和と安全のために貢献するところも大なるべきことを確信する旨披瀝した。

12．経済問題の討議において、総理大臣と大統領は、両国間の経済関係の著しい発展に注目した。両者は、また、両国が世界経済において指導的地位を占めていることに伴い、特に貿易および国際収支の大幅な不均衡の現状に照らしても、国際貿易および国際通貨の制度の維持と強化についてそれぞれ重要な責任を負つていることを認めた。これに関連して、大統領は、米国におけるインフレーションを抑制する決意を強調した。また、大統領は、より自由な貿易を促進するとの原則を米国が堅持すべきことを改めて明らかにした。総理大臣は、日本の貿易および資本についての制限の縮小をすみやかに進めるとの日本政府の意図を示した。具体的には、総理大臣は、広い範囲の品目につき日本の残存輸入数量制限を一九七一年末までに廃止し、また、残余の品目の自由化を促進するよう最大限の努力を行なうとの日本政府の意図を表明した。総理大臣は、日本政府としては、貿易自由化の実施を従来よりいつそう促進するよう、一定の期間を置きつつその自由化計画の見直しを行なつていく考えである旨付言した。総理大臣と大統領は、このような両国のそれぞれの方策が日米関係全般の基礎をいっそう強固にするであろうということに意見の一致をみた。

13. 総理大臣と大統領は、発展途上の諸国の経済上の必要と取り組むことが国際の平和と安定の促進にとつて緊要であることに意見の一致をみた。総理大臣は、日本政府としては、日本経済の成長に応じて、そのアジアに対する援助計画の拡大と改善を図る意向であると述べた。大統領は、この総理大臣の発言を歓迎し、米国としても、アジアの経済開発に引き続き寄与するものであることを確認した。総理大臣と大統領は、ヴィエトナム戦後におけるヴィエトナムその他の東南アジアの地域の復興を大規模に進める必要があることを認めた。総理大臣は、このため相当な寄与を行なうとの日本政府の意図を述べた。

14. 総理大臣は、大統領に対し、アポロ12号が月面到着に成功したことについて祝意を述べるとともに、宇宙飛行士たちが無事地球に帰還するよう祈念を表明した。総理大臣と大統領は、宇宙の探査が科学の分野における平和目的の諸事業についての協力関係をすべての国の間において拡大する広範な機会をもたらすものであることに意見の一致をみた。これに関連して、総理大臣は、日米両国が本年夏に宇宙協力に関する取決めを結んだことを喜びとする旨述べた。総理大臣と大統領は、この特別な計画の実施が両国にとつて重要なものであることに意見の一致をみた。

15. 総理大臣と大統領は、軍備管理の促進と軍備拡大競争の抑制の見通しについて討議した。大統領は、最近ヘルシンキにおいて緒についたソヴィエト連邦との戦略兵器の制限に関する討議を開始することについての米国政府の努力の概要を述べた。総理大臣は、日本政府がこの討議の成功を強く希望する旨述べた。総理大臣は、厳重かつ効果的な国際的管理の下における全面的かつ完全な軍縮を達成するよう、効果的な軍縮措置を実現することについて日本が有している強い伝統的な関心を指摘した。

第4章

返還決定を振り返って

解説

第4章は、返還交渉のやり方についての総括である。その冒頭に、「歴史的記録というものは、往々にして何をまちがったのかを学ぶために研究される。今回、我々は、何がうまくいったのかを探るという異例の立場にいる」と明快に述べられているように、この章は、まさに、沖縄返還交渉が、米側にとって、きわめて実りのあるものになったことへの自賛の弁である。

先述のように、米側は、日本側の政権の特殊な事情から来る〝期限付き〟交渉がもたらすメリットを最大限に生かそうと、政府内部においても「小異」を捨て「大同」につき、まさしく、一致団結してことに当たった。

その結果、今日の在日米軍基地の(いまでは、ほぼ完全な)自由使用あるいは、膨大な財政負担の日本への全面的な転嫁など米側に永続的とも言える巨大「利益」をもたらす基盤をつくることに成功した。そして日本はといえば、国際社会の多様化の中で、米側の利益に逆比例するかのように、沖縄問題をはじめ随伴する各種の難問に苦しみ抜いている。

さらに、最大の問題は、米側が本来の対日目標を達成していく過程で、日本はといえば、米軍への積極的な支援、協力の中で、しだいに近隣諸国を仮想敵国化し、さらに、国際紛争の軍事的解決を志向する国へと変質し、今や、日米軍事共同体ともいえる体制をつくり上げることにより、ついに集団的自衛権の導入に踏み切るまでに至ったという現実である。

返還交渉が米側にきわめて有利に展開していった経緯については、すでにとり上げてきたので、ここでは言及しない。それよりは、本書の翻訳にも関与した土江真樹子さんが、返還交渉にたずさわった米側要人から引き出した回想を伝えることによって、読者の参考に供することとした（本章末付録）。そこから、我々は、多くの教訓を学びとることができるはずである。

歴史的記録というものは、往々にして何をまちがったのかを学ぶために研究される。今回、我々は、何がうまくいったのかを探るという異例の立場にいる。

一九六〇年代初期、沖縄問題に精通し、国務省と国防総省が沖縄をめぐり対立していたことを知っていた人なら、いつか返還の時期や条件をめぐって、省庁間で激しい論争が起こると予測していたであろう。一九六五年から一九六六年にかけて、まさにそのような議論が高まりを見せ、ライシャワー駐日大使が、日本人と琉球人の不満がつのっている現状に対処するよう迫っていた。そしてその頃、沖縄の高等弁務官が二代にわたって、米軍の地位の弱体化に対して断固として抵抗の姿勢を示した。あわや第二の沖縄戦かと思われたが、事態は免れた。一連の調査や小さな意見の不一致を経て、関係機関は協力して、粛々とこの共通の問題の解決にあたった。

予期もしなかった事態が一時期ありつつも、すばらしい展開をみせたことは簡単に説明できるものではない。まったくの偶然で、重要な人物たちが思いがけずうまく絡み合った。しかしこれ以外に、今後、より広く適応することができる一般論（教訓）となる多くの要素もまた関わっていた。これらの一般論は、従来の沖縄の問題に関する対処法から検証できるものではない。以下に挙げられるものはあくまでも仮説であるが、官僚らが、将来起こりうる関係省庁の間の調整に関わる諸問題を解決する上で、有効な手だてとなるであろう。それぞれの例において、実例や導き出すデータは、歴史の記録から引用している。時に記録の域を超え、沖縄返還の政策決定に関わった人たちへのインタビューから評価し、結論を導いた。

A. 戦略

一九六〇年代初頭、返還を求める圧力は激しくなっていたが、返還への動きはなかった。問題解決の提案は十分だった、つまり、強固な姿勢、琉球の自治の拡大、沖縄への日本政府の関与の強化、復帰日の設定、その他諸々である。欠けていたのは、米政府のいろいろな関係部門が解決に向かって合意し、実行していく戦略だった。そのような戦略があったとしても、実行する立場にある官僚らに提案が承認されていなかった。

一九六六年半ば、極東担当省庁間地域グループ（FE-IRG）の琉球ワーキンググループの組織化と時を同じくして、状況が変わり始めた。今後まったく同様のことは起こりはしないであろうが、国務省と国防総省の主要な官僚らが共通の立場に立ち、連携して返還の合意へ向けて問題の解決策を立案するようになったのである。主要な対策で協調すべきことが、返還問題それ自体から離れて、米国の沖縄統治に対する地元住民の黙認をどのように引き延ばしていくかに移った。すべての関係者が、根本的な問題は「返還は可能かどうか」ではなく、「いつまで返還を引き延ばすことが可能か」という事実を受け入れ、最終的に返還やむなしということになった。

ワーキンググループの参加者たちが詳細で段階的な計画を立てていたかどうかは疑わしいが、

(1)日本向け、(2)米国政府内向け、という両面からの交渉を行うための戦略構想は明らかに周知されていた。[1] 複雑な省庁間の調整と、困難な外交交渉に伴うあらゆる状況での戦略構想は、沖縄返還の経験によって得た、非常に価値ある最初の教訓であった。

1. 一九六六年半ば以降に広範囲にわたる戦略構想が存在していたという証拠は二つある。(1)交渉における重要な参加者数人の回想、そして(2)政策決定の過程で外的な出来事に対して即興的に対応するというよりは、内部の方向感にしたがって着実に動き始めていたという事実である。ある高官は返還に関する最終の日米共同声明をどのような文言にするべきか自問し、目標に至るための段階を充たしていくという方法で問題にあたった、と語った。

B．早期のコンセンサス

省庁間の問題を扱う指導者の主な役割には、米国のさまざまな目標に優先順位をつけること、根本的な事実の部分での合意を達成すること、検討中の問題の解決に向けた、少なくとも譲歩可能な合意(a passive consensus)の形成も含んでいた。政策決定の初期においては、迅速に省庁間で合意し、必要なことを行動に移して、目的を達することができる。

維持するべきものは日米の良好な関係か、沖縄における米軍基地の自由使用か、どちらの目標を優先すべきかをめぐって意見が対立したため、沖縄の問題は長期間にわたってなかなか進展しなかった。優先順位に関する意見の不一致の根底には、ライシャワー駐日大使とキャラウェイ陸軍中将の間の意見の対立があった。最終的にはライシャワーの見解が優先されたのだが、それは彼が政府の役職を離れた後であった。

一九六六年に上級省庁間グループ(SIG)は極東担当省庁間地域グループ(FE-IRG)に、米国の主な外交政策は「可能な限り日本と親密に経済と安全保障関係を維持すること」だと指導していた。しかし、それと同じ年に、統合参謀本部(JCS)は依然として、極東の平和と安全保障を維持する責任を果たすために、沖縄の米軍基地の自由使用が必要である、という考えに固執していた。ベトナム戦争の拡大によって、統合参謀本部は自己の見解を一層強め、日米関係を重要優先課題にするという考えは先送りされた。

一九六〇年代後半には一連の状況が事態を反対方向へと進めることになった。北爆の中止とタイにおける米軍基地の拡大は、ベトナム戦争に関わる沖縄の基地の重要性を幾分低下させた。また、ベトナム戦争に端を発した極東における衝突の危険性は、急速に減少した。そのとき同様に重要視されたのが日本の存在に対する認識と日本の潜在力の増強であった。どの時点で物事が決定的に日本に有利になるように傾いたのかは不明であるが、一九六九年一月にニクソン大統領が就任した時には、日本の立場は確かなものとなっていた。[2]

今日に至るまで、沖縄問題に対する完全な合意に達しているわけではないが、省庁間のワーキンググループは、一九六六年以降、沖縄住民の世論調査と日本の方針を調べるという急場凌ぎの手段によって、大方の合意にこぎつけた。大使館と高等弁務官が、定期的に共同の報告書を作成するよう促したことも、同様に建設的な動きとなった。

省庁間の問題を解決するために優先順位を整理し、関係する多くの事柄に対して合意を得ることが重要であり、不可欠でさえあった。しかし、それらは沖縄問題の物語の後期に、省庁間の連携をいかにスムーズにし、有効に働いたのかを説明するのには不十分である。何が欠落していたのか、ということは文書に記されることはほとんどないのだが、あえて言えば沖縄の基本的な問題点に対する適切な解決策を見出すために、一九六七年から一九六八年の間に「消極的合意」を実施したということであろう。

ジョンソン政権の最後の二年間に、主要な官僚が二人もしくは少人数のグループで、非公式ではあったが、沖縄問題について何度も協議したようである。これらの協議から近い将来、沖縄の返還は不可避であり、したがって米国は、沖縄の基地の使用に対する制限を受け入れなければならないであろうという共通の認識ができあがった。とはいうものの、関係者全員が自分が所属する組織から、返還やその条件に喜んで同意したり支持が得られる状況ではなかった。積極的ではなく、むしろ消極的合意ではあったが、最終的に採用された解決策への道を開くのには十分だった。[3]

2．一九六七年一〇月、有力な雑誌『フォーリン・アフェアーズ』は、将来日本がアジアにおけるリーダーの役割を担うことになるであろうと、ニクソンがベトナム戦争後のアジアに関して述べた記事を掲載した。次期大統領がいかに沖縄の問題を優先課題としているかを表すものであり、この記事はキャリア官僚や軍人、民間人にとって見逃せないものであったようだ。

3．これらの非公式な会議にとりわけ深く関わった人たちには、米国駐日大使、太平洋軍司令官や統合参謀本部のメンバーなどがいた。

C. タイミングと問題の明確化

沖縄の問題を語る中で最も興味深かったのは、米国政府内の調整よりもむしろ日米交渉に関わるタイミングであった。[4] 米国政府内の調整ではタイミングもまた重要な事柄だった。理論的には、どのような省庁間の問題であっても、進展させるためには適切な時期に適切な問題に集中することである。沖縄返還の問題の歴史的記録は、この原則の良い面と悪い面、両面の実例を見た。キャラウェイ陸軍中将の回想録にあるように、彼は一九六〇年代初期、米国の沖縄統治を低下させようとする日本の取り組みをいかに阻止するか、という問題に注目していた。ここには二つの意味でまちがいがあった。一つは、「解決」というまちがった問題に注目していた。こいう現状に対する日本人と沖縄住民の長年積み重なった不満という、根本的な問題の決め手にはならないということである。

そしてもう一つは、今回の分析により深く関わっているのだが、基本的な事実(日本側の意図や沖縄への関与が強まる影響)やそこにいかに対処すべきか、といった点において、省庁間が合意できる見通しがまったくなかったということである。

一九六五年から一九六六年の間、ライシャワー駐日大使は、沖縄の米軍基地を日本政府の下で運用できるかどうかという、まちがった問題に着目した。この場合に提示された問題点は、基本的な問題に関連していたが（その後実際に検討されたが）、時期尚早であった。返還の実現の可能性について回答を急ぐあまり、ベトナム戦争を指揮する軍の幹部らを警戒させて、省庁間の合意を進めるどころか、さらに困難にしてしまった。

もちろん、ライシャワーのショック作戦は、ワシントンの官僚たちを沖縄の問題に注目させるためには必要であった、という反論も可能であろう。しかし結局、ライシャワーのやりかたは返還問題の解決を遅らせてしまったと我々は考えている。

手詰まりに陥ったときの回避法は、時には「まちがった」問題から離れて、関係者全員が代わりになる別の問題に対処することである。

興味深く重要な一例が一九六六年に起きていた。琉球の基地に関して国務省が作成した最初の原案が、国務省と国防総省の間に深刻な対立を引き起こすかに思われた時、国防総省が妥協案を提案したのである。誰もまだ対応できそうにない基本的な政策問題ではなく、そこから視点を少しずらして沖縄住民の世論や琉球に対する日本の政策を研究することを提案したのだ。国務省は（事前のすり合わせがあった）この提案を受け入れ、沖縄問題に関する省庁間の作業は大きく前進した。

沖縄問題の経験は、タイミングに関する、もう一つの役立つ教訓を与えてくれた。返還後の沖縄で米国は核兵器の貯蔵ができるか否かという問題ほど、米政府内、そして日米間にとっても繊細な問題はなかった。国家安全保障決議メモランダム13号（NSDM-13）では、この問題を簡潔に、また巧みに取り扱った。国家安全保障決議メモランダムには、沖縄の核兵器の貯蔵を望むと記し、他の問題がすべて解決した後の最終決断を大統領に託したのだった。

この絶妙な方法で他の問題も片付き、核兵器の問題は省庁間での対立や反発もなく、最終的に大統領が決定することになった。[5]

4．私たちがインタビューした米国側の関係者の多くは、交渉のタイミングはおおむね適切だったと考えていた。米国は日米関係に支障が出ない範囲内で、法的に制限を受けずに沖縄の基地を可能な限り長く使用することに執着していた。それにしても、この問題にもっと早期に注目しておけば、日本本土以上に沖縄での自由な軍事行動をもう少し多く得られたのではないかという疑問は残る。また、早期に行動に移していれば、米国は日本国内における沖縄の統治権を得て、地元住民と米国のビジネス両者の共通の利益を上げることができたかもしれない。しかし、こうした意見や推測は、今日の研究には関わりのないことである。

5．政治的に物議をかもすような問題に対し、米国が日本側を不安な状況にさせたことが、それ以外の事柄に対しても幾分か交渉への影響力を高めることができたようだった、ということも記しておく。

D. 関係した人物

省庁間の沖縄問題が非常に大きな成功を収めた重要な要素は、偶然かつ幸いなことに、一九六六年から一九六九年の間、見識の豊かな人々が主要な位置を占めていたことであった。交渉に関わった数人には、長年にわたって極東の問題を扱った経験があったことが、交渉により効果的に働いた。加えて、一九六九年一月に政権が替わってからも、有力な地位にある人々が沖縄の問題に引き続き関わっていったこともより有利な状況を生んだ。[6]

沖縄返還について一連の事柄を知るなかで、事態は常に順調に運んだのではないということを理解しなければならない。

たとえば、一九六〇年代半ば、東京の駐日大使と沖縄の高等弁務官の関係は個人的には良好だったが、強い信頼関係をもって働くという気持は欠如していた。その他にも、理想的とは言えない例が挙げられる。

理想的な省庁間のチームを組織するには運の問題も大きく作用するが、沖縄返還の物語には、人物、場所、時期を適切に扱うという努力の末の成功例がいくつも見られる。

最後の高等弁務官二人は、個人の資質に注目して選ばれた。米国の琉球統治最後の数年間を務める高等弁務官には、政治的事案について広く正しい認識を持ち、責任のある地位の役人、軍人や文官らとスムーズに働ける能力が必要とされていた。アンガー、ランパート両司令官はこれらの厳しい要求を満たす人物であった。

もう一つの人事の成功例は、東京の駐日大使の特別補佐官(後に米国大使館公使)に外交官のリチャード・L・スナイダーを起用したことである。スナイダーは、ワシントンの官僚的な競争世界の中で誰よりも責任感をもって、沖縄の問題を成功させようとした。時間をかけ、最終的には成果を挙げる責任をスナイダーに与えたことは、政府にとって異例の賢明な対応だった。

6. 後者のカテゴリーの人物には、国務省のU・アレクシス・ジョンソン、ウィンスロップ・G・ブラウン、リチャード・L・スナイダーとロバート・W・バーネット、そして国防総省からは、スタンリー・R・リーザー、ジェームズ・V・シエナとモートン・H・ハルペリンといった人物が挙げられる。

E．公式の調整メカニズム

沖縄問題の対応は、公式な調整機構は強硬な政策決定はできないという、すでに忘れさられた事実を、あらためて例証している。それは単にあまりにもあからさまで、複雑すぎるからである。例外を除いて（そして沖縄返還交渉ではそのような例はなかったようだが）、大体において、基本的な意思決定は、数人の政府高官の非公式な話し合いや大統領、上級官僚単独によって行われる。もちろん、公式の省庁間の協議の場で承認されることもある。

では、公式の調整機構とは効果的であろうか。沖縄の返還問題の経験は、このような機構が何らかの目的に役立つものだということを示している。

1．公式の調整メカニズムというものは偏狭な考えを軽減させることができるが、そのためには省庁間の調整自体に持続力がなければならない。省庁間の委員会のメンバーは、目的達成のために限界を超えるほど努力する、もしくは組織に対する忠誠心を失わずに持続する意識を持っていなければならない。

そのよい例が、一九六六年半ばに極東担当省庁間地域グループ（FE－IRG）によって組織された琉球ワーキンググループである。琉球ワーキンググループの成功の一つは、関わった人物たちである。そしてメンバーに相互の問題を理解させ、委員長の判断で報告書の草案作成にすべてのメンバーを関与させた議長の努力もまた評価されなければならない。

2．公式の調整メカニズムは、政策決定過程の後半で、省庁間の激しい対立という危険性を軽減することができる。ワーキンググループや委員会の組織の階層を通過するにつれて、省庁間の違いから来る険悪な状況は和らいでくる傾向がある。争っている当事者は、ある意味、「がんじがらめ」のような状態から簡単に抜け出せなくなり、上層部に状況を自主的に伝えることができなくなる。

3．公式な調整メカニズムは政府の中間レベルに継続的に情報を与え、直接関わっている個人以上に意見を形成することが可能である。省庁間委員会の教育的機能はそう簡単に文書化できるものではないため、多分に過小評価されているようである。確かに琉球ワーキンググループのようにメンバーが積極的に関わる委員会は、官僚機構の広い分野において、それらを支援する研究や議論を活性化する。それによって、大多数の中間レベルの官僚たちは、問題の本質や解決策の可能性に関する情報を得るのである。

4．公式の調整メカニズムは的確に問題を整理することでスタッフに集中して仕事にあたらせることができる。琉球ワーキンググループのような参加型委員会の活動の成果は、言うまでもなく明らかであった。効率化の点から測れないという理由だけで、これもまた役割の価値が過小評価されている。

5．公式の調整メカニズムは意思決定へ向けた行動を監視することができる。この点については、一九六一年のケイセン委員会の主要な勧告に起こったことが最もよく示している。当初は、当然この委員会に対し、強い期待があった。委員会には国務長官、国防長官が後援し、ホワイトハウスの高官が議長を務め、沖縄問題に影響力を持つすべての機関の代表者らが含まれていた。日本は琉球の経済的支援にさらなる大きな役目を果たすべきである、という委員会の提案は、即座に大統領に承認された。しかしその後まったく行動に移されなかったか、もしくは物事がスムーズに進まなかった。理由としてはキャラウェイ高等弁務官の妨害にあったと言われている。

しかしそれは、全体のほんの一部でしかない。当時、陸軍省は非常に有能で権力を持つ司令官と揉めるつもりはなく、ワシントンの他の組織もケイセン委員会の提案を遂行する責任を感じていなかったというのが事の真相である。重要人物らの間の問題はさておき、一九六〇年代後半に高等弁務官が承認された政策を遅らせることなどとてもありえないことである。省庁間委員会が問題を陸軍省にまかせっきりにしたわけでもなく、他のさまざまな関係各省庁が迅速な行動を欠くという事実を見過ごしてきたわけでもないであろう。

一九六六年から一九六九年の間の沖縄の問題における公式な調整の手続き機能から、さらに三つの一般的な仮説を示す。

1．省庁間委員会は、身近な問題に専念することができる、最も責任ある高官で組織するべきである。琉球ワーキンググループが、この原則の成功例をあらためて示している。ワーキンググループのメンバーらは変更することなく（代理の会議出席はよしとされなかった）、主なメンバーは自身の組織の政策担当高官と簡単にコンタクトを取ることができた。

2．公正なスタッフによるサポートは、省庁間委員会の機能には欠かせないものである。一九六六年以降の沖縄問題に関わる委員会のすべてのレベルにおいて、そのようなサポートがあった。なかでもワシントンの陸軍のスタッフがよい役割を果たした。現場のサポートもよいものであった。一九六九年半ばにランパート高等弁務官が主導して設置された特別作業グループ（STG＝後の返還調整グループ）は、東京、ホノルル、ワシントンの高官らが必要とする情報を収集し、非常に有能な（ほとんど認識されていないが）裏方の役割を果たした。

3．一九六九年の初めにニクソン政権が始めた省庁間の報告書では、それ以前に進められていた「選択肢」アプローチが「合意された提案」より、さらに現実的で実用的だった。選択肢に重点を置くことで、問題の分析を通して共通の現象が起こるのを最小限に抑えた。

F．国務省の役割

これまで見てきたように、沖縄の問題への対応は一つの省が主導権を握ったものではなく、省庁間のプロセスによるものであった。それでもなお、国務省はさまざまな省庁間の委員会やワーキンググループの議長を務め、日本との主たる交渉を行った。沖縄の問題の重要な教訓の一つは、一般的に考えられていることとは異なって、国務省のリーダーシップが省庁間の協議において効果的に働くということだ。

特に返還交渉過程の終盤において、国務省と国防総省との関係はきわめてスムーズであった。国務省が主導権をとることに、省庁間の調整プロセスに深く関わる国防総省の役人が反発しなかったことを評価すべきである。これによって一般的な状況において国務省の有効性を評価しない人たちからも、評価を受けることになったであろう。

1．国務省の役人は通常親密な関係を好み、正反対である国防総省の役人の多くとも個人的な友人関係を持つ者もいる。長年にわたる外交官の士官学校(そしてもっと小さな規模では、陸軍将校による外務職員局高官セミナー)への出席や、国務省と国防総省の交換プログラムが成功をおさめている。

2．国防総省の代表二人の省庁間委員会への参加は、たとえ国務省が統合参謀本部の代表や国防総省の代表と争うことがないよう配慮をしていたといえども、国務省にとっては有利であった。

3．省庁間の委員会の統合参謀本部の下級レベル代表者は、厳しい規定と面倒な内部調整プロセスに縛られている。反対に国務省の代表者が、限度を超えない範囲で上司からのサポートが得られることを知っているため、省庁間の議論の進行に合わせて自己の立場で簡単に対応することができる。また国務省の代表者は、数日か数時間で組織内の認可を得られる反面、統合参謀本部の代表者は、統合参謀本部事務局と組織内部での問題対処に数週間もの時間を必要とする。

4．ホワイトハウスの代表は、省庁間の委員会の中で国務省の議長の権威を損なわずに(琉球ワーキンググループにおけるケースがそうであったように)、実際は強い立場にいた。

沖縄問題を扱う上で、国務省は予想に反して、政治・軍事分野よりも、経済面と財政分野でリーダーシップを維持することに苦労した。これはいくつかの状況から説明できる。

1．財務省は国務省の主導を当然と思わず、むしろ本来は財務省自身が国内外のすべての財政問題に責任を持っていると考えていた。さらに財務省には「単独行動」という強い慣習があり、国務省や国防総省より国際問題において狭い視野を持つ傾向がある。

2．財務省は当然、日本の大蔵省に官僚的なつながりを見出していた。大蔵省は経済・財政問題において外務省を関与させる気はまったくなかった。財務省はこの大蔵省の見解を直ちに受け入れ、国務省、外務省の両省は経済・財政協議から閉め出された。これらの困難にもかかわらず、国務省は協議を導く主たる役割を果たした。琉球ワーキンググループにおける経済・財政小委員会の国務省の議長は、財務省の交渉担当者に案を作り、指示を与え、経済・財政問題における両省の仲介役として効果的な役割を果たしたのである。

G. 議会との関係

今回の研究は省庁間の調整を検証するものであった。それにもかかわらず、我々はこの検証によって、沖縄の問題をうまく取り扱うのには、行政府と立法府の関係がきわめて重要であるという事実を否応なしに見せつけられた。もし政府が、有力な議会指導者に琉球を日本に返還する必要性と、日本と交渉する条件の受け入れの説得に失敗していたら、行政機関内での沖縄問題の対応は失敗に終わっていただろう。

返還決定の三つの見地に対して議会の見解が非常に強い影響力を及ぼした。

1. 経済的解決の規模　国防長官が定めた六億五〇〇〇万ドルは、議会でほぼ確実に受け入れられる見積もり額であった。

2. 核兵器の貯蔵　政府は返還協定のこの問題に対する上院軍事委員の懸念を払拭しなければならなかった。

3. 返還協定の形態　当初、政府は行政協定を望んでいたようであったが、公式な条約が必要だとする上院のリーダーらの意見に従うと決定した。

一般的に、政府と議会の関係には、共通に機能しない事が目立つ。我々が知る限りでは、返還の決定に向けて議論されている問題において自分の立場を有利にしようと議会からの協力を取り付けようとした者は誰一人としていなかった。この事実はすべての関係者の調整過程の公平さに対する、全面的な信頼を反映したものであった。

付録1　日本政府は対米支払いについて国民に説明すべきだった
モートン・ハルペリン　インタビュー（聞き手＝土江真樹子）

辺野古基地建設はいい案ではない

――沖縄の基地の必要性についてどう考えますか？

モートン・ハルペリン（以下ハルペリン）　それは日本政府が決めることでしょう。過去に日本本土の米軍基地の閉鎖は日本政府が決定してきたようですが、沖縄の基地は閉鎖されていません。米国政府はそのような決定に干渉するべきではないと思います。日本政府は、どの米軍基地が使用可能なのかを示すべきですし、米国政府は日本政府の決定を受け入れて、特定の基地を特定の場所に押しつけたりするべきではないと思います。

不公平な負担は日本政府の決定の結果であり、このような決定こそ疑問視されるべきです。

――沖縄の地元新聞の世論調査では、七四％の人たちが辺野古での基地建設に反対しているという結果が出ています。

ハルペリン　民主主義の国にとって、世論を無視して、強い反対がある土地に基地の建設を強行することはまちがっています。基地によっては他の基地で代用することもできるでしょう。費用はかかるかもしれませんが、不可欠な基地などというものはなく、特定の基地が使用できない場合、他の基地で代用できない機能などありません。ですから日米政府は地元住民の声にもっと耳を傾けなければならないと思います。

——辺野古の新基地建設については?

ハルペリン　いい案だとは思えませんね。沖縄の反発は明らかではないですか。住民が反対する場所に高価な基地を建設しようというのは、議会にとっても道理が通らないことだと思います。議会は防衛費へは優先的に出費していますが、国が望むほど高額ではありません。

どのような基地であれ、どうしても「必要」ではないのです。基地があると便利です。しかし「建設にはどれだけ費用がかかるのか」だけではなく、アメリカの戦略関係のために、沖縄における支援を低下させるという「政治的にどれだけのコストがかかるものなのか」についても考えなければなりません。どちらがより重要なのか、ということです。

詳細に実際の基地の機能を検証すると、他の基地でも同様のことが実施できるのではないか、規模の縮小で軍の機能を損なうかどうか、などと考えることになり、どの基地であっても同じではないかと気づくと思います。

アメリカにとっての沖縄

——沖縄返還交渉についてお聞きしたいのですが、アメリカにとって当時沖縄はどのように捉えられていたのですか?

ハルペリン　アメリカの国益をめぐって協議しましたよ。沖縄に関しては日米安全保障条約を維持することが国益だと信じていました。問題は「沖縄をアメリカの統治下に置き続けることはどれだけ日米安保条約にリスクを負わせることになるか」ということでした。

――当時軍部は沖縄の返還には反対だったんですよね。

ハルペリン　いわゆる「ブルースカイ政策」(空に雲ひとつない青空になる。つまり脅威がすべてなくなるまでは返還に同意しないという政策)を今後も維持しようとするアメリカにとって、沖縄返還は非常な危機だったのです。しかしそれは、沖縄だけでなく日本本土でも、反米や日米安全保障条約継続に反対する人たちのデモが起こり、日米の安全保障関係を脅かす結果となりました。

日本政府は、七〇年安保の破棄か沖縄の基地の閉鎖を迫られるという、危険な状況になったのです。ですから我々は協議を重ね、日米が共に「一九七〇年代の初めには沖縄を返還するために交渉を開始する。その後に返還の条件に関わる合意を加速させる」と決意することになったのです。一九六九年のことでした。

政府というものは一つにまとまっているのではなく、いくつもの異なる見解があり、関わる人々もそれぞれに違った意見を持っていると思っています。数多くの日本政府関係者と話し合い、共通認識を持ち、単独行動にならないように、納得できる考えにようやく到達しました。それまでは日本政府は、返還要求を否定されると思っていたからです。

しかしアメリカ側にとって最も重要なことは、「公の了解」とすることでした。我々には基地の使用に関して「秘密の了解」などなく、日米間で合意に至ったことはプレスリリースで出され、さらに佐藤栄作首相がプレスクラブで詳細に発表しました。アメリカにとって重要だったのは、佐藤首相が合意しているかどうかではなく、日本の代表として合意を表明した、ということだったのです。

――合意に至るまでには紆余曲折があり、軍部は簡単には合意しなかったのでは？

ハルペリン　その通りです。ベトナム戦争の最中に、ベトナムへの出撃基地となっている米軍基地をアメリカの大統領が諦めるなど、可能なことではありません。統合参謀本部の反対を押しのけるなど不可能です。米国政府が沖縄の変化に対して議会を了解させるには、日本政府と統合参謀本部、両者の了解を取りつけることが必要でした。

統合参謀本部や日本政府が一九六七年にどのような状況にあり、一九六九年にどのように変わったか。それは核問題だ、ということになるでしょう。この問題ではアメリカがほぼすべての力を握っていました。当初、米国政府の立場は「核の撤去はありえない。未来永劫、まったくその余地はない」というものでした。しかしその後、「撤去するならば、当然必要な時に核兵器を沖縄に持ち込む権利は保持しておかなければ」となったのです。

統合参謀本部は「撤去しない。撤去する場合も核兵器の自由な使用を」という立場から「核抜き返還、そして核兵器の撤去を公に知らせる」と変わったのです。日米両国を襲う深刻な危機が起こった時に、米国政府が沖縄に核兵器を持ち込みたいと要求し、日本政府からそれを了解するという引き換えのコミットメントを得たのです。

理論的にはそんな事態は起こらないであろうという前提で、有事の際の計画として具体化することになったのです。統合参謀本部と日本政府を比べて、核兵器の問題においてどちらが多くのものを諦めざるをえなかったかというと、事実上すべてを譲歩したのはアメリカ側です。基本的な要求にも折れたのです。

――米国政府はもともと沖縄から核兵器を撤去するつもりはなかったのですか？

ハルペリン　米国政府はそれまでの現況維持で満足していました。その方が沖縄の基地の運用は簡単だったからです。軍事物資の出し入れも、兵員の移動も可能、統治下で何でも可能だったのです。アメリカは沖縄を諦める気はありませんでした。米国政府の誰一人、その考えを変えなければならないなどと思ったことはなかったのです。沖縄の返還というのは本来は日本側の方針だったのです。今、日米政府は同盟を傷つけないという両国の国益を分かち合っています。しかし現在の日本側の沖縄の基地に対する方針は、同盟を危うくする危険性を持っています。

秘密にしたことがまちがい

――思いやり予算も沖縄返還の副産物ではないのですか？

ハルペリン　それについてはよくわかりませんね。私がやったことではありませんし。

米国政府は当初から日本の防衛には巨額の出資をし、日本の安全保障に貢献してきていました。財政に関しては日本政府が支払いをするのだから、問題になることはないだろうと当初から推測されていました。もし政府が議会に対して、「沖縄を返還したい、核兵器も撤去する。それから、返還には数百万ドルかかる」と言ったら、私たちは議会から追い出されて「絶対に支払うつもりはない！」と拒否されたでしょう。

ですから、（日本政府が）財政の支払いを秘密にしたことがまちがっていたのです。支払いたことがまちがいなのではなく、国民に説明しなかったことがまちがいだったのです。「我々は沖縄を返還させたい。アメリカの統治下に暮らしている百万人に近い日本人を日本に戻したい。そのためにはこの額の金が必要だ」と説明すべきだったのです。

付録2　沖縄返還交渉には密約が必要だった
リチャード・フィン、モートン・ハルペリン　インタビュー　（聞き手＝土江真樹子）

以下は琉球朝日放送『As Okinawa Goes, So Goes Japan 日米関係　キーワードは「オキナワ」～秘密文書が明かす沖縄返還～』（一九九七年五月一七日放送）においてインタビューしたものである。

ベトナム戦争と核兵器の保持

――沖縄返還において米国が最重要視していたことは何でしたか？

リチャード・フィン（以下フィン）　通常兵器の使用、日米安全保障条約の延長と沖縄におけるすべての米国の権利の保持、できることなら核兵器を含む権利。当初我々は核兵器を沖縄に置き続ける権利を希望していた。

これらの問題を研究して、三～四カ月後に回答を導き出しました。それが国家安全保障決定メモ第13号（NSDM-13）です。

――この文章作成の経緯はどういうものだったのですか？

フィン　大統領もこの文書に関わる私たちも、統合参謀本部の協力が沖縄返還には不可決だという結論に至ったんです。

―「ケーススタディ」を読むと、国務省と国防総省の間では意見が対立していたようですが、軍は返還に賛同しなかったのですか？

モートン・ハルペリン（以下ハルペリン）　当時はベトナム戦争の最中でしたから、大統領が極東の危機に関して軍部と揉めるのは得策ではなかったのです。

軍部が関与してきて、こう言ったんです。「有事の際の核兵器再持ち込みと引き換えならば、沖縄からの核兵器撤去を受け入れる」と。

そこで我々は、これは交渉に使えるいい案だと気がついたんです。

―当時軍部は、沖縄をどのように見ていたのでしょうか？

ハルペリン　「沖縄に米軍基地がある」とは考えずに、「沖縄全体が基地の島」というのが軍部の見解でした。軍部は自由に使えて、どのような軍事作戦でも展開できる沖縄の島全体を、「一つの米軍基地」だと考えていたのです。

だからこそ沖縄の返還など不可能だ、というのが軍部の姿勢でした。

―米政府は核兵器の撤去を日本に対して交渉カードとして使ったのではないですか？

ハルペリン　私の見解ですが、そんなに交渉はうまく運ばなかったと思います。核兵器の撤去と沖縄の返還は、同時並行で進めることはできなかった。なぜなら当時は、ベトナム戦争下で、核兵器の保持は必至でした。日本政府もそれを承知していたはずです。

フィン　有事の際に必要とあれば、という前提を含めて「沖縄における核兵器」に関しては曖昧な承諾での交渉だった。だから返還合意の中で「沖縄に核兵器を保持する」と明確に述べることはできなかった。

――交渉の中で、日本側に対して、米国の核兵器の扱いや見解を曖昧にしていたのはなぜですか？

フィン　我々は交渉の終盤で、日本側との駆け引きの対象として、核兵器の撤去を考慮してもいいと考えていました。実は核兵器の駆け引きとは、交渉の中心的な事柄ではなく、最後の奥の手でもなかった。

――沖縄返還に密約は存在しましたか？

ハルペリン　「密約」は確かに存在していました。沖縄からの核兵器の撤去を可能にするために、交渉の中で密約が必要だったのです。架空の、起こりえないであろう有事の状況を想定して、密約を必要としたのです。

国家安全保障決定メモには、米国は核兵器の撤去を用意するが、有事の際には核兵器をまた持ち込む、と書いてあるでしょう。

日本中の米軍基地の完全なる自由使用

――米国は「核兵器」以外にも交渉カードを持っていると書かれていますが、何だったのですか？

フィン　沖縄返還というものは、日本の世論にとって聞こえのよいものでなければならなかったのです。返還は基本的によい合意である――、そんな意味合いが日本国内にはあったから、佐藤首相にとって「沖縄返還」は政治的においしいものでなければならないものだった。だから日本側にとっては、「核抜き」と合意するだけでも充分魅力的なはずだと我々は考えたのです。

――沖縄返還交渉にとって米国側が最もほしかったものは何だったのですか？

ハルペリン　交渉に際して米国側が最も重視したもの、それは米軍基地の完全なる自由使用を得ることです。平時における沖縄だけでなく、日本本土も含む、すべての米軍基地の自由使用でした。核兵器に対する関心なんて、基地の自由使用に比べればそれほどの意味はないものでした。

――沖縄返還を振り返ってどのように感じますか？

フィン　沖縄返還は「交渉」というゲームでした。日本側の視点に立つと、沖縄返還は得るものが多く、失うものは少ないと考えていたでしょう。沖縄の人たちに比べると、日米両政府は、返還に関して単純な考えを持っていたと思います。

沖縄の返還は日米両政府にとって、両国が引き起こした戦後の混乱の終わりだったのです。そういう点では佐藤首相の言うこと（「沖縄の返還なくして戦後は終わらない」という発言）も多少は理解できる。

ハルペリン　一九七二年五月一五日（沖縄返還の日）、私はワシントンＤＣにいました。ブルッキングス研究所に勤務していて、日米関係における沖縄返還の重要性を原稿に書きました。その日、私は沖縄の変化に関わり、成し遂げたという満足感を強く感じていました。

しかし、もう一つ言いたいことがあります。返還後、沖縄をめぐる状況に何一つ変化がないことを、後悔とともに振り返っています。

付記　歴史の証人として――リチャード・フィン、千葉一夫、吉野文六

土江真樹子

リチャード・B・フィン氏にお会いしたのは、一九九六年、ワシントンDC。琉球朝日放送の報道部の記者としてまさに「ケーススタディ」を入手し、取材をしている時だった。やっと入手した「ケーススタディ」の重要部分は黒塗り、当時の米国側の関係者からは「地方局のインタビューを受ける気はない」「何を今さら」「沖縄のメディアに答える気はない」と取材拒否が相次いでいた。

しかしフィン氏は「沖縄の人たちは何が起こっていたか知る権利がある。そして、私は当事者として歴史に残す義務がある」と、積極的に取材に応じた唯一の人だった。

その後もお互いにコンタクトを続ける中で、しばしば登場する"strategy""our discipline"というフィン氏の言葉は、当時の米国の外交の空気、国務省の優秀な外交官であったフィン氏の姿勢を感じさせた。

沖縄返還交渉とは何だったか？　という問いかけに、フィン氏はいつも決まって「一言でいえばゲーム！」と答えた。ゲーム、沖縄の人たちの将来を決める交渉をゲームとは――。私の困惑と怒りを察したのか、フィン氏は「ポーカーを知っているかい？　アメリカが持っているカード、日本が持っているカード、本当に欲しいカードを読み取られないよう、相手の手を読みつつ、どれだけ有利にことを進めるかが勝ち負けを決める。外交交渉はそれに尽きる」と意味ありげだった。

フィン氏の意味する米国側のカードは「ケーススタディ」の戦略構想部分そのものだった。「我々が最も重視したのは返還後の沖縄の基地の自由使用。それ以外の何物でもない。しかし日本が重視したのは「核」というカード。かれらはカードを読み間違えたのだ。そして我々はかれらの戦後の核アレルギーを煽った。ある意味、興味深いゲームだった」「佐藤総理をはじめ、日本政府は沖縄返還を成し遂げることで政治的効果を上げたがっていた。我々にはかれらのメンタリティがよくわかっていたから、ゲームはすべて有利に進むと確信していた」。これが優秀な外交官というものか、外交交渉とはなんと冷徹なことか――。

黒塗りのないバージョン(多少の抜粋はあったが)のケーススタディを入手した、と告げた私にフィン氏は「返還の姿が見えて来たかな?」とうれしそうに笑った。一九九八年八月、突然飛び込んできたのがフィン氏急死を知らせる死亡記事。目の前がさっと暗くなる、そんな初めての経験に、記事を手に途方にくれた。「歴史の証人」フィン氏の証言をもう聞くことができない。まだ取材は不十分なのに……。まだ密約にも言及していない。このケーススタディ中の「戦略構想」には核の撤去に関わる「秘密裏の交渉」がさらりと記されている。「この秘密裏の戦略構想について詳しく聞きたい」という私にフィン氏が送ってきたファックスには「ケーススタディを持参して来てください」と書かれていた。「沖縄の人たちは知る権利がある」。その言葉の重さと、取材者としての後悔が胸を締めつけた。

フィン氏同様、歴史の証人としての役割を果たした一人に当時の外務省アメリカ局長、吉野文六氏がいる。吉野氏は一九七二年の衆院予算委員会や裁判で密約を否定していた。それから三七年後　自ら法廷で密約を証言するという歴史の大役を担った。

私が吉野氏を取材するきっかけを作ったのは、沖縄返還交渉の初期の外務省北米局(一九六八年にアメリカ局に変更）課長、千葉一夫氏だった。千葉氏は、カメラありのインタビューは「ご辞退させていただきます。官僚は外交交渉を墓まで持っていくものです」と応じてはくれなかったが、カメラなしの取材には協力的だった。「忘れられないエピソードを話しましょうか」と、今では千葉氏といえば語りつがれる、一九六七年のハルペリン氏との出来事を楽しそうに語ったことがある。

当時、まだ日本政府にとって沖縄の返還は雲をつかむような状態だったが、下田での会議からの帰りの電車の中で、可能性を探ろうとする千葉氏に当時の国防総省次官補代理だったハルペリン氏が「もし日本政府が米政府の要求を受け入れれば、沖縄は返還可能だろう」と語ったのだった。衝撃的な一言に、千葉氏は平静を装いながら「電車のトイレに飛び込んでね、トイレットペーパーにハルペリンが話したことを慌ててメモしましたよ。一語一句間違えないように。そして服のポケットにしまうと素知らぬ顔で席に戻り、"So, you mean Okinawa will be returned" って」。

密約について繰り返し質問する私に、「密約はないというのが日本政府の見解であり、私も同様のコメントしかできない」と静かに答えた。「表に出るものの水面下に計り知れない量の交渉や思惑が存在しています。それは絡みに絡んだ糸を一つ一つていねいにほぐしていくことでしかわからないものなんです。それは専門家の検証に、そしてあなた方のようなジャーナリストに任せたいと思います。沖縄返還は非常に困難な交渉でした。私たちは皆非常に真剣に取り組んできました」。

その言葉は、外交交渉に携わった当事者としての重みと思いを感じさせた。

そして千葉氏は意外なことを口にした。「吉野文六くんに会いなさい。交渉のすべてを語るとすれば吉野以外にはいない」。吉野文六とは、密約を結んだ外務省のアメリカ局長、そして密約を否定し続け、西山太吉氏の裁判において偽証をした当事者ではないか。その本人が語るはずがないと思い込んでいた私は、そのまま吉野氏にアプローチをしようと考えることもなかった。

二〇〇〇年、琉球大学の我部政明教授が吉野氏の密約への関与を示す米公文書を発見、公表した。四〇〇万ドルの密約、西山氏が暴いた密約だった。そしてそこには〝BY〟というイニシャル、という衝撃の「証拠」があった。綿密に沖縄返還の実相を解き明かす研究を続け公表している我部教授もまたフィン氏が示唆した「沖縄の人たちの知る権利」を追求し、過去と現在を繋ぐ重要な「歴史の証人」である。

吉野氏はこの文書に対し、「密約はない」というコメントを繰り返していた。しかし、本人に考えを聞き、千葉氏の言葉を確かめる機会がやってきた。二〇〇二年四月、返還四〇年の企画を計画していたテレビ朝日の「ニューステーション」の大村拓哉ディレクターとともに靖国神社近くの国際経済研究所に向かった。そこには天下りし、理事長を務める吉野氏がいた。

「この〝BY〟は吉野さんのサインということでよろしいんでしょうか」。私が差し出した文書を読む吉野氏の指が震えているのを、カメラは捉えていた。〝BY〟はBunroku Yoshinoのイニシャル。「僕は全然覚えてないけどね。しかしこれはまあ、僕のサインでしょうね、おそらく」「これ、みんな密約ですよね」と衝撃の証言をした。しかし、そのすぐ後に手のひらを返して密約を否定。そしてそれ以上は話をはぐらかした。私は冷たい雨の中、千葉氏の言葉は何を意味していたのか、そして吉野氏の真意を測りかね、混乱した頭で傘をさすのを忘れてびしょ濡れで駅にたどり着いた。

その日から五年の月日を経て、吉野氏は密約を認め、九一歳になった二〇〇九年、法廷で密約を証言した。東京地裁の法廷で証言する吉野氏の、小柄な、しかし凛として立ち、証言する後ろ姿からはんの数メートルの記者席に座りながら、千葉氏の言葉を改めて思い起こしていた。千葉氏が、吉野氏は語る、とアドバイスしてくれたのか今もわからない。吉野氏もなぜすべてを語る決意に至ったのか、明確に語ることはなかった。しかし吉野氏もフィン氏も将来の外交官のために、とオーラルヒストリーを残してこの世を去った。千葉氏の言葉は現実となったのだった。

外交交渉の黒子に徹した千葉一夫氏、自らの証言を三七年後に覆し、密約を公にした吉野文六氏、すべてを語るべきだとしたリチャード・フィン氏。三人の交渉当事者たちは紛れもない「歴史の証言者」であった。

本書をどうしても出版したいと強く願った西山太吉氏もまた「歴史の証人」である。毎日新聞の記者であった氏は沖縄返還交渉を取材、図らずもスクープした交渉における密約がもとで記者生命を奪われた。しかし返還交渉の実相を、密約を解明し知らせていく――、政治記者として沖縄返還交渉の密約を明かして四六年、西山氏の心からその思いが消えたことはない。二〇〇五年から始まった、密約を白日の下に引きずり出そうという一連の裁判を通して西山氏と吉野氏は再会し、返還交渉を公にするという思いを共有した。一九七二年の裁判で密約を訴えた西山氏と否定した外務省官僚、吉野氏の積年の思いが去来する、歴史的な再会だった。我部氏同様に沖縄返還を通して過去と現在を繋ぎ、日米の姿を暴く西山氏の姿勢と執念に、強く感銘を受ける。

本書出版前に、米国務省の外交文書を収録した資料集が発刊されたことを知った。五〇〇ページにわたる資料集には、沖縄返還交渉に関するページも含まれているという。沖縄をめぐる日米交渉は今でも多方面にわたり我々が知り得ないことが多く存在している。いまだに語らない人たちもいる。何がかれらを躊躇させるのか。歴史の証人は過去だけではなく、現在そして将来にわたり多くの事実と知識を与える。今後も秘密扱いの文書公開や証言に期待している。

おわりに――辺野古新基地建設をめぐって

最後に、現在の沖縄情勢の核心ともいえる辺野古問題に触れておきたい。

辺野古問題は、国対地方自治体の抜きさしならぬ対立の先鋭化という緊迫した状況にとどまらず、現在の沖縄問題の本質をあますところなく表現しているといえよう。安倍内閣は、辺野古について、「世界で最も危険な飛行場と言われる普天間基地を廃絶するには、辺野古への移設しかない」という弁明を繰り返し強調する。しかし、辺野古新基地の建設は、決して普天間撤去から派生したものではない。

すでに、私が、『沖縄密約――「情報犯罪」と日米同盟』(岩波新書、二〇〇七年)でもとりトげたように、米国政府は、一九六六年、つまり沖縄返還(一九七二年)の数年前に「大浦湾プロジェクト」という辺野古総合基地建設の青写真を策定していた。この計画は、現在のキャンプ・シュワブの周辺の広大な水域を埋め立て(約九四五エーカー)、たんなる海兵隊の飛行基地にとどまらず、大浦湾が沖縄で唯一の深海湾(水深三〇m)であることを利用して、海軍の桟橋建設をも構想するという総合的機能を持つ巨大基地であった。

その建設費の総額は、一億一一〇〇万ドル(当時では数百億円、いまでは数千億円になるだろう)に及び、所要の地元労働者は三〇〇〇人、完成後は、約一〇〇〇人の基地従業員を雇用するという大規模なものであった。この構想は、嘉手納以南の都市部に散在する基地群を嘉手納—辺野古、そして北部演習場に集約するという米国防総省の基本戦略を裏書きするもので、いまある米軍の南部諸基地及び諸施設の整理縮小は、すでに沖縄返還以前から考えられていた基地再編の一環だったのである。

米国防総省が辺野古を沖縄の拠点として最重要視していたことは、当時、嘉手納、那覇合計の駐機数に匹敵する飛行場をつくり、さらに、本土の海兵隊の一部をもここに吸収する考えであったことからも、十分うかがい知ることができる。結局、この計画は、ベトナム戦争の泥沼化にともなう米国の財政の悪化によって見送られたが、一つには、すでに、沖縄返還問題が徐々に日程にのぼり、返還後は、日本政府の協力を求めることができるのではないかとの期待感が出てきたからだとも言われている。

いかに施政権者ではあれ、他国の領土を日本政府との相談もなしに、勝手気ままに永久巨大基地化するプランを策定するということ自体、米国の独善的な一種の帝国主義ともいえる性格が垣間見える。しかし、この計画はいまや、普天間基地の危険性をタテに、米国政府にしてみれば、一ドルも使わずに建設され、その後も日本政府の出資により、これまた無償で維持できるという、世界にも例のない好条件の下、念願の目標を一挙に達成できることになったのである。

いまでは十分証明されているように、米国のイラク戦争は完全に失敗した。しかも米国は、米軍撤退後のイラクの戦後処理、すなわち、シーア派中心の政権樹立という失策によって「イスラム国」(テロ集団)の誕生という、中東、否、世界動乱の因子まで生み落とした。その米国が国際的主導権の再確立を目指して考案したのが、東アジア、とくに世界の経済成長の先頭を切る東南アジア(ASEA

N）地域での関与と浸透であった。この作戦の中枢はグアムであって、沖縄ではない。すなわち、グアムを拠点とした東アジア全域への巡回方式ということになる。沖縄の海兵隊の大半は、グアムの穴埋めのため日本の負担で移駐し、辺野古は米軍の包括的な巡回作戦における北方の重要な中継基地となる。この基地が無償でつくられ、しかも、維持費もゼロという、願ってもないような形で永久に提供されることを米国が拒む理由などまったくないのである。辺野古は米国にとってペンタゴンの統合戦略に基づく永久基地であり、かつての冷戦時に構想された多角的な機能を、米国のリベンジという新戦略体系下に再構築されようとしているのだ。

日本の保守政権は、こうした米国の戦略を全面的に支持し、憲法解釈の変更による日米同盟の再編強化を、わが国の唯一絶対の安全保障政策として選択した。その結果、かつて植民地・半植民地として支配下に置いた中国大陸を再び仮想敵国化し、朝鮮半島を含む東アジア地域に不毛な対立と分裂を招いている。

かりに、二〇一八年六月一二日の米朝（米国、朝鮮民主主義人民共和国）首脳交渉が、今後その成果を上げたとしても、日本にとって問題はその後にある。いま日本の保守政権内には、朝鮮半島の非核化により、これまで北緯三八度線とされてきた〝防衛〟ラインが対馬（長崎県）まで南下するので、わが国の安保政策の新たな検証が迫られる、との意見が出始めている。これは、従来からの対立と抑止論の単なる再構築に過ぎない。

英国の著名な国際政治学者であるE・H・カーは「国際政治においては国家間の権力の均衡が必要である」としながらも、「究極の平和の条件は、その平和の理念を追究する強い意志と具体的行動である」と説いた。

東アジア、すなわち日本、朝鮮半島、中国、そして東南アジアには優秀な資質を持つ二〇億の民衆が共に生存し、世界の経済成長の主たる原動力となっている。そこに必要とされるのは、相互の依存と交流である。この原則の履行は、即、国際平和全般に直接つながることになる。この地域の中央に位置する沖縄こそ、まさにこの原則履行の中枢でなければならないはずである。

沖縄同様、日本に強制併合されていた朝鮮は、戦後ただちに独立した。しかるに沖縄は、戦前・戦中の無残な〝差別〟を依然強いられている。

かつて東アジア全域にかけて、侵略による惨劇をもたらした日本の果たすべき役割は、きわめて重大なのである。もちろん、いま言われている中国の〝覇権主義〟に何らかの修正が求められねばならないことは確かである。それでもなお、我々が追求すべきは、日本の安全保障の永続化にとって、何が不可欠の要因であるかという根本的命題である。すなわち、「東アジア共同体」の建設という遥かなる理念であろう。

西山太吉

西山太吉

1931年生れ．毎日新聞社勤務中72年沖縄返還をめぐる密約取材で国家公務員法違反容疑で逮捕，78年最高裁で確定．2005年謝罪と損害賠償を国に求め提訴したが敗訴．08年外務省，財務省への情報公開請求に加わったが「不開示」処分．密約文書開示請求訴訟東京地裁で全面勝訴，東京高裁は原告の請求を棄却，14年最高裁で上告棄却．著書に『沖縄密約』(岩波新書)，『決定版 機密を開示せよ』(岩波書店)他．

土江真樹子

テレビ朝日那覇支局を経て琉球朝日放送報道部記者．放送ウーマン賞2002．2006年からフリーディレクター．沖縄国際大学，法政研究所特別研究員．『告発――外務省機密漏洩事件から30年 今語られる真実』および『メディアの敗北――沖縄返還をめぐる密約と12日間の闘い』では民間放送連盟優秀賞，ギャラクシー奨励賞はじめ各種の賞を受賞．

高嶺朝一

ジャーナリスト．T & CT Office代表．1970年琉球新報社に入社．編集局長，論説委員長などを経て2008年～2010年琉球新報社社長を務めた．著書に『知られざる沖縄の米兵――米軍基地15年の取材メモから』，共著に『観光コースでない沖縄』(以上，高文研)，共訳書に『調査報道実践マニュアル――仮説・検証，ストーリーによる構成法』(旬報社)他．

検証 米秘密指定報告書
「ケーススタディ沖縄返還」

2018年8月9日　第1刷発行

監修者　西山《にしやま》太吉《たきち》
訳　者　土江《つちえ》真樹子《まきこ》
協　力　高嶺《たかみね》朝一《ともかず》
発行者　岡本　厚
発行所　株式会社 岩波書店
〒101-8002 東京都千代田区一ツ橋2-5-5
電話案内 03-5210-4000
http://www.iwanami.co.jp/

印刷・三陽社　カバー・半七印刷　製本・松岳社

ISBN 978-4-00-024725-2　Printed in Japan

決定版 機密を開示せよ ―裁かれた沖縄密約― 西山太吉 B6判二二二頁 本体一七〇〇円

沖縄密約 ―「情報犯罪」と日米同盟― 西山太吉 岩波新書 本体七二〇円

「沖縄核密約」を背負って 若泉敬の生涯 後藤乾一 四六判四三〇頁 本体三六〇〇円

密約 ―外務省機密漏洩事件― 澤地久枝 岩波現代文庫 本体一一〇〇円

日米密約 裁かれない米兵犯罪 布施祐仁 B6判一九〇頁 本体一五〇〇円

外交証言録 沖縄返還・日中国交正常化・日米「密約」 栗山尚一 著 中島琢磨 服部龍二 江藤名保子 編 A5判二八六頁 本体四八〇〇円